JN087164

ポイント制度のしくみと会計・税務

EY新日本有限責任監査法人 ―― 編

中央経済社

はじめに

　本書は，近年成長するとともに複雑化しているポイント制度の会計と税務の取扱いを解説しています。

　2018年3月30日に「収益認識に関する会計基準（以下「収益認識会計基準」といいます）」が公表され，2021年4月1日以後開始する連結会計年度および事業年度の期首から原則適用されますが，この会計基準はポイント制度の会計と税務に大きな影響があります。

　これまで，我が国の会計基準においては，ポイント制度の会計処理に関する特段の定めは設けられておらず，実務上は，将来のポイントの使用で見込まれる費用をポイント引当金として計上することが多かったと考えられます。

　一方で，収益認識会計基準導入後は，追加的な財またはサービスに対する顧客の選択権として収益の金額から減額する処理への変更が必要となる場合が多いと考えられます。

　また，税務においても，2018年度税制改正において，法人税法における収益の認識に関する規定が改定・整備されました。

　さらに，消費税における課税資産の譲渡等の対価が収益計上額と異なるため，税務調整が必要となり，システム導入等の対応が必要になるケースも想定されます。

　このように，ポイント制度に関する会計・税務の取扱いが大きく変わることから，本書では，改正の動向を紹介するとともに，ポイント制度の概要や，制度改正を踏まえた会計・税務実務をとりまとめています。

　本書が経理実務に携わる皆様の必携の書となれば，執筆者として望外の喜びです。

　最後になりますが，本書の出版に長期にわたりご尽力を頂きました中央経済社の末永芳奈氏，株式会社エムズコミュニケイトの岡田祐子氏，山根浩也氏に深く感謝申し上げます。

　2020年11月

EY新日本有限責任監査法人

執筆者一同

目　　次

第1章

ポイント制度のしくみ──────────────1

第2章

収益認識会計基準の導入─────────────15

第5章

ポイント制度の税務 ………………………………………………83

第6章

収益認識会計基準における開示上の取扱い ……………… 109

第7章

収益認識会計基準導入に向けた対応 ………………………… 123

凡例

法令，会計基準等の名称	略　　称
企業会計基準第29号「収益認識に関する会計基準」	収益認識会計基準
企業会計基準適用指針第30号「収益認識に関する会計基準の適用指針」	収益認識適用指針
会計制度委員会研究報告第13号「我が国の収益認識に関する研究報告（中間報告）―IAS第18号「収益」に照らした考察―」	収益認識研究報告
企業会計基準第10号「金融商品に関する会計基準」	金融商品会計基準
会計制度委員会報告第14号「金融商品会計に関する実務指針」	金融商品実務指針
企業会計基準第17号「セグメント情報等の開示に関する会計基準」	セグメント情報等会計基準
日本公認会計士協会会計制度委員会報告第15号「特別目的会社を活用した不動産の流動化に係る譲渡人の会計処理に関する実務指針」	不動産流動化実務指針
企業会計基準第12号「四半期財務諸表に関する会計基準」	四半期会計基準
企業会計基準第13号「リース取引に関する会計基準」	リース会計基準
企業会計基準第15号「工事契約に関する会計基準」	工事契約会計基準
企業会計基準適用指針第18号「工事契約に関する会計基準の適用指針」	工事契約適用指針
実務対応報告第17号「ソフトウェア取引の収益の会計処理に関する実務上の取扱い」	ソフトウェア取引実務対応報告

会計制度委員会研究資料第3号「我が国の引当金に関する研究資料」	引当金研究資料
法人税基本通達	法基通

　本書は，2020年4月1日時点で適用されている法令等に基づいて記載しています。

第1章

ポイント制度のしくみ

1 ポイント制度の市場動向

(1) ポイント市場の成長

　ポイント発行企業は他業種にわたっており，国内におけるポイント市場の規模は2兆円を目前としています。

　ポイント市場の規模は一貫して右肩上がりであり，この傾向は当面続くと予想されています（図表1-1参照）。

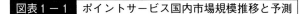

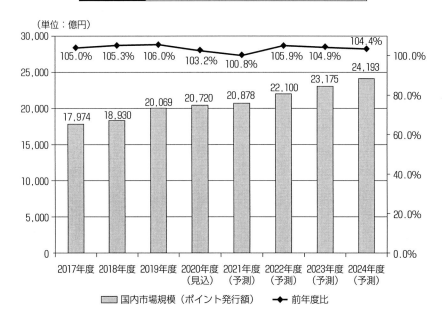

図表１－１　ポイントサービス国内市場規模推移と予測

（単位：億円）

国内市場規模（ポイント発行額）　　前年度比

（注１）　ポイント発行額ベース
（注２）　2020年度は見込値，2021年度以降は予測値（2020年７月現在）
（注３）　特定の企業やグループが提供するサービスや商品の購入等に対して，発行されるポイントやマイレージ等を対象とし，市場規模はポイントの総発行額を指す。
（出所：株式会社矢野経済研究所「ポイントサービス市場に関する調査（2020年）」）

　ポイント発行企業の主な目的としては，①既存顧客の囲い込み，②既存顧客の優良顧客化，③新規顧客の獲得，④提携他社とのシナジー効果が挙げられます。

　近年では，顧客の購買履歴からマーケティングデータを入手した上で消費行動を分析し，当該分析に基づいたマーケティングが行われており，ポイント制度は顧客ロイヤルティを高めるためのマーケティングツールとしても利用されています。

　ポイント市場規模の拡大要因は，図表１－２のとおりです。

図表1－2　ポイント市場規模の拡大要因

項　目	詳　細
共通ポイント制度の進展	NTTドコモなどの携帯キャリア企業をはじめとする大手企業が自社の顧客以外にもポイントを付与する汎用的な共通ポイント制度を導入していること
マルチポイント化の進展	汎用的な共通ポイントを複数導入するとともに，自社独自のポイントを発行する等，同一企業内での「マルチポイント化」が進展していること
キャッシュレス決済の進展	キャッシュレス決済（クレジットカード，電子マネー，QRコード決済等）の急成長により，キャッシュレスポイントの発行が増加していること

　このように，ポイント市場規模の拡大傾向は，国内消費が縮小傾向にある中で，ひときわ目立つ現象となっています。

⑵　ポイント制度導入の効果

　企業においては，ポイント制度を導入することにより，顧客を囲い込み自社商品の販売を促進するというメリットがあります。

　顧客によるポイントの利用は，通常，次回以降の商品購入時となるケースが多く，商品の再購入の促進効果が非常に高いと考えられます。

　また，発行されたポイントは，現金とは異なり，基本的には競合他社では使えない，あるいは競合他社ポイントに交換できたとしても，交換レートが不利になるように設定されていることが多いことから，競合他社への顧客の流出を防止し，顧客の囲い込みを図る一定の効果があります。

　最近ではポイントを電子マネーや他社ポイントに交換することができるなど柔軟性が増してきており，その利便性はますます向上しているといえます。

2 ポイント制度の類型

(1) ポイント制度の概要

① ポイント制度の定義

「ポイント制度」の定義にはさまざまなものが考えられますが，ポイントは，何らかの購入やアクションに付随して付与され，そのポイントを使用するという形で流通することが多いと考えられます。

本書では，ポイントを付与および使用する制度を「ポイント制度」として定義します。

② 記録媒体

ポイントの記録媒体としては，紙，磁気，IC カードおよびネット（ブラウザ）やアプリ等が存在します。

これらの記録媒体は，記録する顧客情報の多寡等，企業のポイント管理面から決定されます。

従来は，磁気タイプのポイントカードを利用した販売促進活動が主流でしたが，近年ではインターネットの普及に伴い，従来の物理的なポイントカードではなく，ネット（ブラウザ）やアプリを利用した販売促進活動を行う会社が急激に増加しています。

また，決済行為をアプリにより行うことが一般化しつつあり，スマートフォン決済業者による決済アプリの乱立や，それに連動したスマートフォン決済業者のポイント制度の導入により，従来ポイント制度を導入できなかったような個人商店がポイント制度を利用できるようになってきています。

③ ポイントの付与
(i) 購入に付随するポイントの付与

ポイントの付与は，「購入（購買）ポイント」，「ショッピングポイント」等，

購入金額に一定の付与率を乗じて行われるケースが一般的です。また，一定金額以上の商品購入や特定の商品購入に応じてポイントを付与するケースや，特定日に付与率を上げるケースも存在します。

(ii) 購入に付随しないポイントの付与（アクションポイント）

ポイントは，通常，購入金額に一定率を乗じて付与する場合が多いですが（購入ポイント），来店等の特定の行動に付随して付与するポイント（アクションポイント）も最近は数多く見られるようになってきました。

対価としてアクションポイントを付与することにより，顧客が企業にとって望ましい形で行動することとなり，結果的に収益の増加に結び付けることが可能となります。

④　ポイントの使用

ポイントの使用方法はさまざまであり，概要は図表1－3のとおりです。

図表1－3　ポイントの使用方法

使用方法	概　　要
自社商品・サービスの値引き（自社金券類の付与・交換を含む）	最も広く普及しているポイントの使用方法
自社商品・サービスの無償提供	あまり普及しておらず，限定商品やサンプル品に交換するケースが多い
他社金券類	金融業界・エネルギー業界等に多い
他社商品・サービスの無償提供	カタログギフト等
他社ポイントとの交換	共通ポイント等。近年増加傾向
イベント招待等	顧客に対して特別感・限定感を提供
寄付	社会貢献意識から増加傾向
抽選企画	ポイントを使用して抽選に参加

⑤ 有効期限

付与されたポイントに有効期限が設定されているか否かという点は，ポイントの使用可能性に大きく影響することとなります。

すなわち，ポイントの有効期限を設定することは，顧客にポイントを使用する機会を限定させることとなります。

(i) 有効期限設定方式の種類

多くのポイント制度では，付与したポイントを使用できる有効期限を設定し，有効期限を過ぎると，そのポイントは失効します。

また，交換特典が商品券等の場合にも，商品券の使用に関して有効期限を設定している場合が多いと考えられます。

なお，有効期限は業種業態により異なりますが，一般的には概ね3年以内の事例が非常に多いと考えられます。

有効期限の設定方式の代表的なものは以下のとおりです。

(a) 一定期間失効方式

ポイントが付与された時点から一定期間経つとポイントが失効する方式です。

有効期限の設定方法はさまざまですが，一般的には，月単位で設定されます。

また，付与から一定月で失効する方式や，会計年度末等に一律で失効する方式が多いと考えられます。

(b) 利用延長方式

購入などの利用が続いている限り，ポイントの有効期限を延長し続ける方式です。一般的には，最終購入日から一定期間後に失効するケースが多いと考えられます。

(c)　無期限方式

クレディセゾンの「永久不滅ポイント」等，ポイントの有効期限を設定
しない方式です。特に，中小企業のポイント制度では，管理コストの削減
等の理由により，有効期限を設定していないケースが多いと考えられます。

(2)　自社ポイント制度と他社ポイント・共通ポイント制度

　企業は自社でポイントを発行するだけでなく，他社が運営するポイントプロ
グラムに参加することがあります。

　例えば，ある企業の店舗で商品を購入した顧客にポイント制度の運営主体で
ある他社のポイントが付与され，また付与されたポイントは制度に参加する各
企業の店舗において利用できるような場合です。

　このようなポイント制度は，通常，以下のようなしくみで運営されます。

1.　顧客がポイント制度に参加している企業の店舗で商品・サービスを購
　　入する場合，参加企業はポイントを付与する旨を顧客に伝達すると同時
　　に，商品・サービスの購入があった事実をポイント制度の運営主体に連
　　絡します。

　　実務上は，ポイント制度の運営主体から購入または貸与された端末を
　　店舗に設置しておき，顧客のポイントカードを端末で読み取ることに
　　よって，運営主体への連絡はシステム上で行われることが一般的です。

2.　ポイント制度の運営主体である企業は，参加企業からの連絡を受け，
　　顧客に対してポイントを付与します。

3.　ポイント制度の参加企業は付与されたポイントの原資として，付与ポ
　　イントに相当する代金を運営主体である企業に支払う義務を負います。

4.　参加企業の店舗で商品・サービスの購入に際してポイントが利用され
　　た場合，利用されたポイントに相当する代金がポイント制度の運営主体

である企業から参加企業に対して支払われます。

　なお，これらのポイント自体のやりとりとは別に，参加企業からポイント制度の運営主体である企業に対し，ポイント制度への加盟手数料やポイントシステムの利用料等の支払が生じる場合があります。

　近年では，顧客の利便性向上，顧客層拡大等の観点から，自社ポイントプログラムのみならず，他社が運営するポイントプログラムに参加するケースが増加しています。

　ポイント制度を企業が導入する場合には，「自社ポイントの発行主体」，もしくは，他社と共通のポイントプログラムに加盟する方式である「他社ポイント・共通ポイントの加盟店」のいずれかを選択することとなります。

　主な加盟店型共通ポイントとして，楽天スーパーポイント，dポイント，Ponta，WAONポイント，Pay Payポイント，Vポイント（2024年春からTポイント合併）などが挙げられます。

　自社ポイント制度と他社ポイント・共通ポイント制度のメリットとデメリットは，図表1－4のとおりです。

図表1－4 自社ポイント制度と他社ポイント・共通ポイント制度の比較

分　類	メリット	デメリット
自社ポイント制度	・独自性が高い ・顧客情報を利用しやすい	・維持管理コストが高い ・顧客利便性が低い
他社ポイント・ 共通ポイント制度	・維持管理コストが低い ・顧客利便性が高い	・独自性が低い ・顧客情報を利用しづらい

① 自社ポイント制度

　自社ポイント制度のメリットは，「独自性を発揮することができること」および「顧客情報の蓄積」です。企業は自社でポイント制度の運営を行うことができるため，企業のポイント制度に関する自由度は高くなり，自社のニーズに合わせたポイント制度を作り上げることが可能となります。

　また，顧客から入手したすべての情報を知ることができ，きめ細やかなサービスを提供することも可能となります。

　その結果，質の高い顧客の囲い込みや高度なマーケティングが差別化要因となり，企業に競争力をもたらすこととなります。

　一方で，自社でポイント制度を導入・運営していくこととなるため，その維持管理費用を自社だけで負担しなければなりません。

　また，顧客は発行企業以外でポイントを使用できないため，顧客にとって利便性が低くなる点がデメリットとなります。

②　他社ポイント・共通ポイント制度

　他社ポイント・共通ポイント制度のメリットは，自社ポイントのデメリットの裏返しとなりますが，「ポイント制度の維持管理費用が低くなること」および「顧客のポイント使用の利便性が高まること」です。

　他社ポイント・共通ポイント制度は，複数の加入企業が参加することから，各企業で維持管理費用を負担することができ，一社当たりのコストは低くなります。

　また，顧客は複数の企業でポイントを行使することができるため，ポイント行使の機会が増えることになります。

　さらに，加盟店企業により顧客の囲い込みが可能となり，ある企業から別の企業に顧客を誘導することができます。

　一方で他社ポイント・共通ポイント制度の大きなデメリットは，顧客情報をすべて利用できるとは限らないということです。

　共通ポイントの加盟店になった場合，自社ポイントの発行主体となった場合と比べ，自社へのリピート促進・離反防止面，データ分析や顧客データ利用による施策アプローチなどの自由度が相対的に低い場合が多いと考えられます。

　すなわち，顧客の購買履歴やポイントの利用状況等のさまざまな情報は，ポイント運営会社に集約され加盟店はその運営会社から情報を入手しなければいけないということです。この場合，必ずしも運営会社から顧客の行動に関する

情報のすべてを入手できるとは限らないことに留意する必要があります。

③　近年の傾向

　上記のように，自社ポイント制度と他社ポイント・共通ポイント制度にはそれぞれメリットとデメリットがあります。

　近年では，スマートフォンや交通系ICカードを使用したキャッシュレス決済が盛んになっており，顧客が他社ポイント・共通ポイントの付与を受ける機会が拡大しています。

　一方で，業種業態や，企業の置かれている環境等により結論は異なるものの，CRM（カスタマー・リレーションシップ・マネジメント）推進の観点からは，自社ポイントのほうが適しているケースも多いと考えられます。

　そのため，顧客の囲い込みを確実に行うために，共通ポイントから自社ポイント発行への切り替えや，共通ポイントを残しつつ自社ポイント発行を行うなど，自社ポイントへシフトする企業も増えてきています。

　さらに，大手企業では，自らグループ共通ポイントを導入し，自社グループへの顧客の囲い込みや，自社経済圏の育成・拡大に力を入れている状況です。

　今後，大手企業間での顧客争奪がますます激しくなることを考えると，加盟店型共通ポイントから自社（グループ共通）ポイントへのトレンドシフトが加速すると考えられます。

(3)　他社ポイントとの交換

①　他社ポイントとの交換

　近年では，発行しているお互いのポイントの交換を可能とする取り決めを結ぶ企業が増加しています。

　さらには，ポイント発行企業同士での相対の取り決めだけではなく，ジー・プラン株式会社が展開しているGポイントや，株式会社サイバーエージェントの100％子会社が運営しているドットマネー等，ポイント交換サイトを介し，複数のポイント間での交換を可能とするサービスも広がりをみせています。

　異なるポイント発行企業が，お互いのポイントを交換可能とする取り決めを結ぶ際には，等価でのポイント交換が行われる場合のほか，ポイントの交換比率に差が設けられている場合もあります。

　また，ポイントサイトを介して，ポイントの交換が行われる場合には，ポイントサイトを運営する企業が得る交換差益分について，交換比率に差が設けられているのが一般的です。

　ポイントサイトを介した交換が拡大している背景として，ポイントの利便性向上や新規会員の獲得，あるいは他のポイント発行企業との提携に係るコストの削減等があると考えられます。

　また，顧客に対しても，ポイントの交換先が増えることによってより有効な使用ができることや，ポイントの一元管理が可能になるといったメリットがあります。

②　他社ポイントとの交換の例

　利用者がポイントサイトを介してポイントの交換を行うしくみとしては，以下のような方法が挙げられます（図表1－5）。

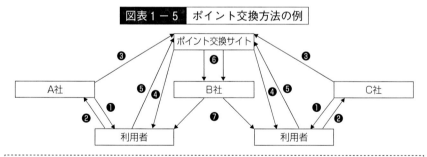

図表1－5　ポイント交換方法の例

❶　商品の購入等に際し，ポイント発行企業（A社・C社）が利用者にポイントを付与する。
❷　顧客がポイント発行企業（A社・C社）に対し，ポイント交換サイト内の共通ポイントへの交換を依頼する。
❸　ポイント発行企業（A社・C社）がポイント交換サイトに共通ポイントの発行を依頼し，発行に伴う対価を支払う。

❹ ポイント交換サイトを運営している企業が利用者に共通ポイントを付与する。
❺ 利用者がポイント交換サイトにおいて，共通ポイントを他のポイント発行企業（B社）が発行しているポイントへの交換を依頼する。
❻ ポイント交換サイトがポイント発行企業（B社）にポイントの発行を依頼し，発行に伴う対価を支払う。
❼ ポイント発行企業（B社）が利用者にポイントを発行する。

3 その他のポイント制度に関連する項目

(1) 顧客ランク制度（ステージ制）

　顧客ランク制度（ステージ制）とは，一定期間の累計購入金額や累計ポイント付与数の多寡で顧客ランクを上下させ，顧客ランクが上がることでサービス内容がレベルアップするようなしくみをいいます。

　顧客ランクの指標には，購入金額やポイント付与数のほかに，購入回数，サービス契約や会員登録の継続期間，サービス契約数などさまざまなものが存在します。

　また，ステージの判定方法は多種多様であり，企業独自の特典・サービスを各種設定し，魅力的なプログラムを策定するための取組みが行われています。

　ポイントの中には，購入や来店等の特定のアクションによってポイントを付与するものの，貯まったポイントを使用するしくみがないケースが存在します。

　例えば，銀行などの金融機関等の一部においては，給与振込，住宅ローンや定期等の口座を作成した場合にポイントを付与するものの，ポイント自体の使用はできず，一定ポイント以上貯めると顧客ランクが上がり，コンビニ等のATMが無料で利用できる，金融商品の利率が優遇される等の特典が与えられます。

　この場合，通常のポイント制度と異なり，「ポイント」は，顧客ランクの指標として機能しています。

⑵　プリペイドポイント

　ポイントの中には，事前にポイントをチャージすることで，通貨として機能するケースが存在します。

　例えば，Eコマースなどにおいて，チャージした金額を「ポイント」と呼んでいるケースや，ポイント自体を購入するケースが，これに該当します。

　特に，購入可能なポイントは，前払式支払手段として，「資金決済に関する法律（以下「資金決済法」といいます）」が適用され，事実上の通貨扱いとされる点に留意する必要があります。

　なお，資金決済法上，前払式支払手段の有効期限が6か月を超える場合，発行保証金の供託等が必要となる可能性があるため，「ポイント」の有効期限を半年以下に設定している場合が多いと考えられます。

第2章

収益認識会計基準の導入

1 収益認識会計基準の導入に関する経緯

(1) 従来の我が国における会計実務

　従来の我が国における会計実務では，企業会計原則において，「売上高は，実現主義の原則に従い，商品等の販売又は役務の給付によって実現したものに限る。」（企業会計原則 第二 損益計算書原則 三 Ｂ）と示されており，収益認識については，実現主義の原則に基づき認識することとされていました。また，企業会計原則注解【注6】において，実現主義の原則的な考え方の取引形態ごとへの当てはめが示されていました。

　実現主義では，一般に「財貨の移転又は役務の提供の完了」とそれに対する現金または現金等価物その他の資産の取得による「対価の成立」の2つが収益認識要件とされているものと考えられていました（収益認識研究報告Ⅰ総論1. 公表の経緯）。

　また，このほかにも企業会計基準委員会から「工事契約会計基準」，「工事契約適用指針」，「ソフトウェア取引実務対応報告」および「収益認識研究報告」等が公表されています。

　しかし，近年の事業内容の多様化および取引内容の複雑化により，収益をどのように認識すべきかを判断することがより一層困難なものとなり，また，そ

れぞれの要件の解釈が企業によって異なる場合も少なくありませんでした。

(2)　収益認識会計基準導入の目的

(1)で記載したとおり，我が国では収益認識に関する包括的な会計基準が開発されていませんでしたが，国際財務報告基準（以下「IFRS」といいます）および米国会計基準においては，新たな会計基準として「顧客との契約から生じる収益」（IFRS第15号およびTopic 606）が公表されています。

この状況を受け，企業会計基準委員会では我が国の会計基準の体系の整備，②企業間の財務諸表の比較可能性の向上，③企業により開示される情報の充実を目的として収益認識に関する包括的な会計基準の開発が進められ，2018年3月に収益認識会計基準として公表されました。

収益認識会計基準および収益認識適用指針は，2021年4月1日以後開始する連結会計年度および事業年度の期首から原則適用されますが，2018年4月1日以後開始する年度の期首または2018年12月31日に終了する年度から2019年3月30日に終了する年度までにおける年度末から早期適用が可能とされています（収益認識会計基準第81項から第83項。収益認識適用指針第107項）。

2 ▎収益認識会計基準総論

(1)　適用範囲

収益認識会計基準では国際的な比較可能性を重視していることから，IFRS第15号の定めを基本的にすべて取り入れることを会計基準開発における基本方針としています（収益認識会計基準第97項）。

このため，収益認識会計基準の適用範囲はIFRS第15号の範囲と同様に，「顧客との契約から生じる収益」のみとされ，顧客との契約から生じるものではない取引または事象から生じる取引は，本会計基準では取り扱われません

（収益認識会計基準第3項，第102項）。

　ただし，顧客との契約から生じる収益であっても，以下の項目については適用範囲には含まれません（収益認識会計基準第3項）。

---

① 　金融商品会計基準の範囲に含まれる利息，金融商品の消滅の認識時に発生する利益等の金融商品に係る取引

② 　リース会計基準の範囲に含まれるリース取引（貸手の会計処理）

③ 　保険法（平成20年法律第56号）における定義を満たす保険契約

④ 　顧客または潜在的な顧客への販売を容易にするために行われる同業他社との商品または製品の交換取引（例えば，2つの企業の間で，異なる場所における顧客からの需要を適時に満たすために商品または製品を交換する契約）

⑤ 　金融商品の組成または取得に際して受け取る手数料

⑥ 　不動産流動化実務指針の対象となる不動産（不動産信託受益権を含む）の譲渡

⑦ 　資金決済に関する法律（平成21年法律第59号。以下「資金決済法」という）における定義を満たす暗号資産および金融商品取引法（昭和23年法律第25号）における定義を満たす電子記録移転権利に関連する取引

⑵　5ステップモデルによる収益認識

　収益認識会計基準の基本となる原則は，約束した財またはサービスの顧客への移転を当該財またはサービスと交換に企業が権利を得ると見込む対価の額で描写するように，収益を認識することです（収益認識会計基準第16項）。

　上記の基本となる原則に従って収益を認識するために，以下の①から⑤のステップを適用します（収益認識会計基準第17項）

---

① 　ステップ1：契約の識別

② ステップ2：履行義務の識別

③ ステップ3：取引価格の算定

④ ステップ4：履行義務への取引価格の配分

⑤ ステップ5：履行義務の充足による収益の認識

図表2－1　収益認識のステップ

ステップ1 契約の識別	5要件すべてを満たす顧客との契約を識別する。 対象となる契約は，書面による場合だけでなく，口頭や取引慣行による場合も含まれる。
ステップ2 履行義務の識別	ステップ1で識別された契約から，履行義務を識別する。財またはサービスを別個のものとして処理するか，一体のものとして処理するかについては「個々の財またはサービスの観点」および「契約の観点」の2つの観点から判断する。
ステップ3 取引価格の算定	ステップ1で識別された契約の取引価格を算定する。取引価格を算定する際には，変動対価，契約における重要な金融要素，現金以外の対価，顧客に支払われる対価のすべての影響を考慮する。
ステップ4 履行義務への取引価格の按分	ステップ3で決定した取引価格を，ステップ2で識別した履行義務に配分する。取引価格の配分は，独立販売価格の比率に基づき，財またはサービスの顧客への移転と交換に企業が権利を得ると見込む対価の額を描写するように行う。
ステップ5 履行義務の充足による収益の認識	約束した財またはサービスを顧客に移転することによって，履行義務を充足した時，または充足するにつれて収益を認識する。

　ポイント制度を導入している会社においては，主としてステップ2，ステップ4およびステップ5において影響を受けると考えられます。

　ポイント制度を導入している会社では，顧客囲い込みや販売促進等の目的で

この制度を導入しているケースが多く，従来の我が国の会計実務においては，ポイントの付与について当初売上取引の構成要素としてではなく，顧客への販売促進に資する別個の取引として取り扱う考え方を採用する実務が多かったと考えられます。

　一方で，収益認識会計基準導入後は，ポイントの付与が追加の財またはサービスを取得するオプションの付与に該当し，顧客に重要な権利を付与すると考えられる場合には，独立した履行義務として取り扱う必要があります。

　この場合，顧客がポイントを使用しなくても通常受けられる値引き額およびポイントが使用される可能性に基づき，ポイントの独立販売価格を見積り，取引価格を独立販売価格の比率で売上高と契約負債に配分する必要があります（収益認識適用指針第50項）。

　詳細は第4章「2　収益認識会計基準導入後の会計処理」をご参照ください。

①　契約の識別（ステップ1）

収益認識会計基準において，「契約」とは「法的な強制力のある権利及び義務を生じさせる複数の当事者間における取決め」をいい，以下の5要件のすべてを満たす顧客との契約を識別します（収益認識会計基準第5項，第19項）。

- 当事者が，書面，口頭，取引慣行等により契約を承認し，それぞれの義務の履行を約束していること
- 移転される財またはサービスに関する各当事者の権利を識別できること
- 移転される財またはサービスの支払条件を識別できること
- 契約に経済的実質があること（いわゆる「Uターン取引」や「循環取引」と呼ばれるような，複数の企業間でお互いに同一商品を往復させるような取引は経済的実質がないと判断される）
- 顧客に移転する財またはサービスと交換に企業が権利を得ることとなる対価を回収する可能性が高いこと（顧客の財務上の支払能力および顧客が対価を支払う意思を考慮する）

　取引開始日において上記要件を満たす場合には，事実や状況の重要な変化の兆候がない限り，再度見直しをする必要はありませんが，例えば，顧客が対価を支払う能力が著しく低下した場合には，対価の回収可能性について見直しを行います。ただし，すでに認識した収益，債権または契約資産は，見直しの対象となりません（収益認識会計基準第23項，第120項）。

　一方，取引開始日において上記要件を満たさない場合，この要件を事後的に満たすかどうかを継続して評価し，要件を満たした段階で収益認識会計基準を適用します（収益認識会計基準第24項）。

　なお，要件を満たさない場合において顧客から対価を受け取った場合，以下のいずれかに該当するときに，受け取った対価を収益として認識します（収益認識会計基準第25項）。

- 財またはサービスを顧客に移転する残りの義務がなく，約束した対価のほとんどすべてを受け取っており，顧客への返金は不要であること
- 契約が解約されており，顧客から受け取った対価の返金は不要であること

　顧客から受け取った対価については，上記のいずれかに該当するまで，または契約の識別の要件が事後的に満たされるまで，将来における財またはサービスを移転する義務または対価を返金する義務として，負債を認識します（収益認識会計基準第26項）。

　なお，ステップ１における従来の日本基準との対比は図表２－２のとおりです。

図表2−2	契約の識別，契約の結合および契約の変更に関する従来の日本基準と収益認識会計基準との対比

従来の日本基準	収益認識会計基準
契約の識別	
一般的な定めはない。	対象となる契約は，書面による場合のみならず，口頭や取引慣行による場合も含まれる（収益認識適用指針第122項）。
契約の結合	
工事契約および受注制作のソフトウェアについては工事契約会計基準第7項により，当事者間で合意された実質的な取引の単位を適切に反映するように複数の契約書上の取引を結合するという定めが存在するが，収益認識一般に明確な定めはない。	同一の顧客（当該顧客の関連当事者を含む）と同時またはほぼ同時に締結した複数の契約について，以下の(1)から(3)のいずれかに該当する場合には，当該複数の契約を結合し，単一の契約とみなして処理する（収益認識会計基準第27項）。 (1)当該複数の契約が同一の商業的目的を有するものとして交渉されたこと (2)1つの契約において支払われる対価の額が，他の契約の価格または履行により影響を受けること (3)複数の契約において約束した財またはサービスが，単一の履行義務となること ただし，一定の要件を満たす場合には，複数の契約を結合しないことが認められている（収益認識適用指針第101項）。 また，工事契約および受注制作のソフトウェアの収益認識の単位について，一定の要件を満たす場合には，当該複数の契約を結合し，単一の履行義務として識別することができる（収益認識適用指針第102項，第103項）。
契約の変更	
工事契約および受注制作のソフトウェ	契約の当事者が承認した契約の範囲また

アについては工事契約適用指針第 5 項により，工事契約の変更は見積りの変更として処理することになっているが，収益認識一般に明確な定めはない。	は価格（あるいはその両方）の変更（契約変更）については，契約変更ごとに要件を判断して，以下のとおり処理する。 ・独立した契約として処理する ・既存の契約を解約して新しい契約を締結したものと仮定して処理する ・既存の契約の一部であると仮定して処理する ただし，契約変更による財またはサービスの追加が既存の契約内容に照らして重要性が乏しい場合，代替的な取扱いとして，上記のいずれの方法も認められる（収益認識適用指針第92項）。

② 履行義務の識別（ステップ 2 ）

　ステップ 2 ではステップ 1 で識別された契約から，履行義務を識別します。収益認識会計基準において，「履行義務」とは「顧客との契約において，別個の財又はサービス又は一連の別個の財又はサービスを顧客に移転する約束」を意味します（収益認識会計基準第 7 項）。履行義務の識別においては契約に明示された内容以外に，取引慣行や公表された方針等により含意されている約束など，契約に明示されていないものも勘案する必要があります（収益認識会計基準第127項）。

　顧客に約束した財またはサービスを別個のものとして処理するか，一体のものとして処理するかについては「個々の財又はサービスの観点」および「契約の観点」の 2 つの観点から判断します。

　すなわち，顧客に約束した財またはサービスは，以下の(a)および(b)の要件のいずれも満たす場合には，別個のものであると判断されます。

(a)　当該財またはサービスから単独で顧客が便益を享受することができること，あるいは，当該財またはサービスと顧客が容易に利用できる他の資源を組み合わせて顧客が便益を享受することができること（すなわち，

当該財またはサービスが別個のものとなる可能性があること）

(b)　当該財またはサービスを顧客に移転する約束が，契約に含まれる他の約束と区分して識別できること（すなわち，当該財またはサービスを顧客に移転する約束が契約の観点において別個のものとなること）

　具体的には図表2－3のフローに従います（収益認識会計基準第34項，収益認識適用指針第6項）。

　なお，自社ポイント等については，別個の履行義務となる要件（ステップ2）にあてはめて検討する必要があります（第4章「2(1)　自社ポイントの会計処理」をご参照ください）。

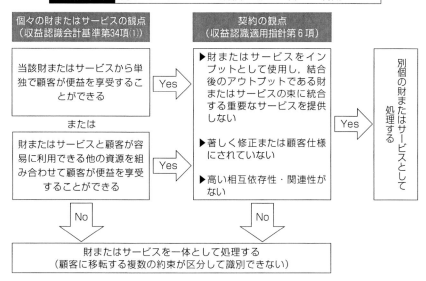

図表2－3　財またはサービスが別個のものか否かの判断フロー

| 個々の財またはサービスの観点
（収益認識会計基準第34項(1)） | 契約の観点
（収益認識適用指針第6項） |

当該財またはサービスから単独で顧客が便益を享受することができる　**Yes→**

または

財またはサービスと顧客が容易に利用できる他の資源を組み合わせて顧客が便益を享受することができる　**Yes→**

▶財またはサービスをインプットとして使用し，結合後のアウトプットである財またはサービスの束に統合する重要なサービスを提供しない

▶著しく修正または顧客仕様にされていない

▶高い相互依存性・関連性がない

Yes→ 別個の財またはサービスとして処理する

No↓　　　**No↓**

財またはサービスを一体として処理する
（顧客に移転する複数の約束が区分して識別できない）

　なお，履行義務の識別に関する従来の日本基準との対比は図表2－4のとおりです。

| 図表2－4 | 履行義務の識別に関する従来の日本基準と収益認識会計基準との対比 |

従来の日本基準	収益認識会計基準
請負工事契約およびソフトウェア取引については工事完成基準や工事進行基準，ソフトウェア取引の複合取引について一定の定め（ソフトウェア取引実務対応報告）が存在するが，収益認識一般に明確な定めはない。	顧客との契約において提供する財またはサービスを履行義務と呼ばれる単位に分割して識別する（収益認識会計基準第32項）。なお，約束した財またはサービスが，顧客との契約の観点で重要性に乏しい場合には，当該約束が履行義務であるのかについて評価しないことができる（収益認識適用指針第93項）。

　履行義務の識別に関する考え方はポイント制度への収益認識会計基準の適用においても論点となっています。

　詳細は第4章「2(1)　自社ポイントの会計処理」をご参照ください。

③　取引価格の算定（ステップ3）

　ステップ3ではステップ1で識別された契約の取引価格を算定します。

　ここで，「取引価格」とは，財またはサービスの顧客への移転と交換に企業が権利を得ると見込む対価の額（ただし，第三者のために回収する額を除きます）をいいます（収益認識会計基準第8項）。

　取引価格を算定する際には，変動対価，契約における重要な金融要素，現金以外の対価，顧客に支払われる対価のすべての影響を考慮します（収益認識会計基準第48項）。

　そのため，算定された取引価格は，契約書に記載された金額の総額とは必ずしも一致しません。

　なお，他社発行ポイントの場合，第三者のために回収する金額を取引価格から減額する必要があると考えられます。

(i)　変動対価

　変動対価とは，顧客と約束した対価のうち変動する可能性のある部分をいいます。変動対価の額は，発生し得ると考えられる対価の額における最も可能性の高い単一の金額（最頻値）による方法または発生し得ると考えられる対価の額を確率で加重平均した金額（期待値）による方法のいずれかのうち，企業が権利を得ることとなる対価の額をより適切に予測できる方法によって見積ることにより算定します（収益認識会計基準第50項，第51項）。

　なお，変動対価の額については，変動対価の額に関する不確実性が事後的に解消される際に，解消される時点までに計上された収益の著しい減額が発生しない可能性が高い部分に限り，取引価格に含める必要があります（収益認識会計基準第54項）。

　変動対価が含まれる取引の例としては，値引き，リベート，返金，インセンティブ，業績に基づく割増金，ペナルティー等の形態により対価の額が変動する場合や，返品権付きの販売等が挙げられます（収益認識適用指針第23項）。

(ii)　重要な金利要素

　契約の当事者が明示的または黙示的に合意した支払時期により，財またはサービスの顧客への移転に係る信用供与についての重要な便益が，顧客または企業に提供される場合には，顧客との契約に重要な金利要素が含まれるとされています（収益認識会計基準第56項）。

　この場合，取引価格の算定にあたっては，約束した対価の額に含まれる金利相当分の影響を調整し，約束した財またはサービスが顧客に移転した時点で（または移転するにつれて），当該財またはサービスに対して顧客が支払うと見込まれる現金販売価格を反映する金額で収益を認識します（収益認識会計基準第57項）。

(iii)　現金以外の対価

　契約における対価が現金以外の場合，その取引価格を算定するにあたっては，

その対価を時価で算定し，時価を合理的に見積ることができない場合には，対価と交換に顧客に約束した財またはサービスの独立販売価格を基礎として対価を算定します（収益認識会計基準第59項から第61項）。

(iv) 顧客に支払われる対価

　顧客に支払われる対価とは，企業が顧客（あるいは顧客から企業の財またはサービスを購入する他の当事者）に対して支払う，または支払うと見込まれる現金の額や，顧客が企業（あるいは顧客から企業の財またはサービスを購入する他の当事者）に対する債務額に充当できるもの（例えば，クーポン）の額をいい，顧客から受領する別個の財またはサービスと交換に支払われるものである場合を除き，取引価格から減額します（収益認識会計基準第63項）。

　取引価格の算定について，従来の日本基準との対比は図表2－5のとおりです。

図表2－5　取引価格の算定の従来の日本基準と収益認識会計基準との対比

従来の日本基準	収益認識会計基準
第三者のために回収される金額	
一般的な定めはないが，消費税に関しては，会計処理の方法として税抜方式と税込方式が認められている（消費税の会計処理について（中間報告））。	第三者のために回収する額は取引価格に含まれない（収益認識会計基準第8項，第47項）。
重要な金融要素	
売上債権等に重要な金利部分が含まれている場合，決済期日までの期間にわたって償却原価法（利息法または定額法）により金利部分を各期の純損益に配分する（金融商品実務指針第130項）	顧客との契約に重要な金融要素が含まれる場合，取引価格の算定にあたっては，約束した対価の額に含まれる金利相当分の影響を調整する。約束した財またはサービスの支配が移転する時点と顧客が支払を行う時点の間が1年以内であると見込まれる場合には，調整しないことができる（収益認識会計基準第56項から第58項および収益認識適用指針第27項から

	第29項)。
顧客に支払われる対価	
キャッシュ・バックや値引き等について一般的な定めはない。収益から控除する処理および販売費及び一般管理費とする処理の実務がある。	顧客に支払われる対価は，顧客から受領する別個の財またはサービスと交換に支払われるものである場合を除き，取引価格から減額する（収益認識会計基準第63項，第64項および収益認識適用指針第30項）。
変動対価	
リベート等については支払目的に関する多様な理解等を背景に，売上高から控除する事例と販売費及び一般管理費とする事例がある。また，取引価格が修正される可能性のある取引については，当初取引時点ではその時点で設定された販売単価により売上計上するが，その後，当初の販売単価が修正された時点で売上高を修正する実務がある。	契約において，顧客と約束した対価に変動対価が含まれる場合，財またはサービスの顧客への移転と交換に企業が権利を得ることとなる対価の額を見積る。なお，変動対価の額に関する不確実性が事後的に解消される際に，解消される時点までに計上された収益の著しい減額が発生しない可能性が高い部分に限り，取引価格に含める（収益認識会計基準第50項から第55項および収益認識適用指針第23項から第26項）。

④　履行義務への取引価格の配分（ステップ4）

　ステップ4では，ステップ3で決定した取引価格を，ステップ2で識別した履行義務に配分します。取引価格の配分は，財またはサービスの顧客への移転と交換に企業が権利を得ると見込む対価の額を描写するように行い，財またはサービスの独立販売価格の比率に基づき，契約において識別したそれぞれの履行義務に取引価格を配分します（収益認識会計基準第65項，第66項）。

　なお，値引きおよび変動対価の配分については，別途取扱いが規定されています（収益認識会計基準第70項から第73項）。

　ポイントの付与が商品やサービスの提供と別個の履行義務と判断された場合には，契約全体の取引価格を各履行義務の基礎となる商品や付与したポイント

等の独立販売価格の比率で各履行義務に配分することになります。

　独立販売価格を直接観察できない場合には，市場の状況，企業固有の要因，顧客に関する情報等，合理的に入手できるすべての情報を考慮し，観察可能な入力数値を最大限利用して，独立販売価格を見積ることとなります（収益認識会計基準第69項）。

　また，収益認識会計基準においては，独立販売価格の見積方法として，図表２−６の３つの方法が例示されています（収益認識適用指針第31項）。

図表２−６　独立販売価格の見積方法

見積方法	内　　容
調整した市場評価アプローチ	財またはサービスが販売される市場を評価して，顧客が支払うと見込まれる価格を見積る方法
予想コストに利益相当額を加算するアプローチ	履行義務を充足するために発生するコストを見積り，当該財またはサービスの適切な利益相当額を加算する方法
残余アプローチ	以下の項目のいずれかに該当する場合，契約における取引価格の総額から契約において約束した他の財またはサービスについて観察可能な独立販売価格の合計額を控除して見積る方法 • 同一の財またはサービスを異なる顧客に同時に，またはほぼ同時に幅広い価格帯で販売していること（すなわち，販売価格の変動性が高い） • 財またはサービスの価格を企業が未だ設定しておらず，当該財またはサービスを独立して販売したことがないこと（すなわち，販売価格が確定していない）

　なお，類似の状況においては，見積方法を首尾一貫して適用することが必要

になります（収益認識会計基準第69項）。

　取引価格の配分に関する従来の日本基準との対比は図表2−7のとおりです。

図表2−7　取引価格の配分に関する従来の日本基準と収益認識会計基準との対比

従来の日本基準	収益認識会計基準
ソフトウェア取引の複合取引については以下の定めが存在するものの，一般的な規定は存在しない。 収益認識時点が異なる複数の取引が1つの契約とされていても，管理上の適切な区分に基づき，販売する財または提供するサービスの内容や各々の金額の内訳が顧客（ユーザー）との間で明らかにされている場合には，契約上の対価を適切に分解して，機器（ハードウェア）やソフトウェアといった財については各々の成果物の提供が完了した時点で，また，サービスについては提供期間にわたる契約の履行に応じて収益認識を行う（ソフトウェア取引実務対応報告3）。	取引価格を，財またはサービスの独立販売価格の比率に基づき，識別したそれぞれの履行義務に配分する。独立販売価格を直接観察できない場合には，合理的に入手できるすべての情報を考慮し，独立販売価格を見積る（収益認識会計基準第65項から第76項および収益認識適用指針第31項から第33項）。 なお，履行義務の基礎となる財またはサービスの独立販売価格を直接観察できない場合で，当該財またはサービスが，契約において他の財またはサービスに付随的であり，重要性が乏しいと認められるときには，残余アプローチによる見積方法を使用することができる（収益認識適用指針第100項）。

⑤　履行義務の充足による収益の認識（ステップ5）

　ステップ5では，ステップ2で識別した履行義務の充足時点を決定します。

　企業は約束した財またはサービスを顧客に移転することにより履行義務を充足した時にまたは充足するにつれて，収益を認識することになり，財またはサービスは，顧客が当該資産に対する支配を獲得した時点または獲得するにつれて移転します（収益認識会計基準第35項）。

　そのため，このステップでは識別された契約における義務がどのように履行されるかの判断が重要となり，企業が資産（約束した財またはサービス）を顧

客に移転することにより履行義務を充足した時に，または充足するにつれて，収益を認識します（収益認識会計基準第35項）。

　具体的には，図表2 − 8のフローに従い，識別された履行義務のそれぞれが，一定の期間にわたり充足されるものか，または一時点で充足されるものかを判定します（収益認識会計基準第38項）。

図表2 − 8　契約における義務の履行の判定フロー

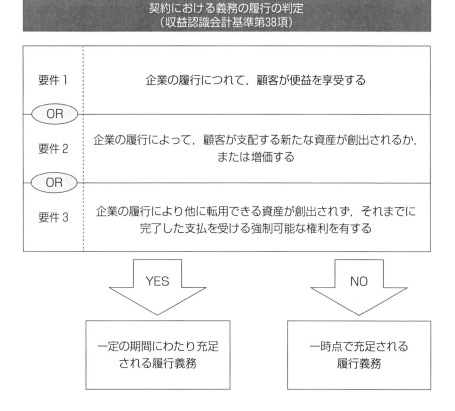

　一定の期間にわたり充足される履行義務については，履行義務の充足に係る進捗度を見積り，その進捗度に基づき収益を一定の期間にわたり認識します（収益認識会計基準第41項）。

　進捗度の見積りについては，アウトプット法（移転した財・サービスの顧客にとっての価値に注目する方法）とインプット法（労力やコストが予測する合計に占める割合に基づく方法）のどちらかを，財またはサービスの性質を考慮した上で決定し，類似の履行義務および状況に首尾一貫した方法を適用する必要があります（収益認識会計基準第42項，収益認識適用指針第15項）。

　なお，履行義務の充足に係る進捗度を合理的に見積ることができる場合にのみ，一定の期間にわたり充足される履行義務について収益を認識します（収益認識会計基準第44項）。

　一方，履行義務の充足に係る進捗度を合理的に見積ることができない場合には，その履行義務を充足する際に発生する費用を回収することが見込まれることを前提に，履行義務の充足に係る進捗度を合理的に見積ることができる時まで，一定の期間にわたり充足される履行義務について原価回収基準により処理することとなります（収益認識会計基準第45項）。

　ここで，「原価回収基準」とは，履行義務を充足する際に発生する費用のうち，回収することが見込まれる費用の金額で収益を認識する方法をいいます（収益認識会計基準第15項）。

　一時点で充足される履行義務については，財またはサービスに対する支配を顧客に移転することによりその履行義務が充足される時に，収益を認識します（収益認識会計基準第39項）。支配が移転したことを示す指標の例示としては以下の5項目が挙げられています（収益認識会計基準第40項）。

---

① 企業が顧客に提供した資産に関する対価を収受する現在の権利を有していること
② 顧客が資産に対する法的所有権を有していること
③ 企業が資産の物理的占有を移転したこと
④ 顧客が資産の所有に伴う重大なリスクを負い，経済価値を享受していること
⑤ 顧客が資産を検収したこと

　なお，履行義務の充足に関する従来の日本基準との対比は図表 2 － 9 のとおりです。

　特に，ポイント制度について，当該オプションが契約を締結しなければ顧客が受け取れない重要な権利を顧客に提供する場合には，当該ポイントに係る履行義務について，将来の財またはサービスが移転するとき，あるいは当該ポイントが消滅するときに充足され，収益を認識することとされています（収益認識適用指針第48項，第140項）。

図表 2 － 9	履行義務の充足に関する従来の日本基準と収益認識会計基準との対比
従来の日本基準	収益認識会計基準
一定期間で充足される履行義務	
一定の契約に従って継続して役務の提供を行う場合には，時間の経過を基礎として収益を認識する（企業会計原則第二　一Ａ）。 工事契約に関して，工事の進行途上においても，その進捗部分について成果の確実性が認められる場合には工事進行基準を適用し，この要件を満たさない場合には工事完成基準を適用する（工事契約会計基準第 9 項）。	履行義務の充足に係る進捗度を合理的に見積ることができる場合には，履行義務の充足に応じて，一定の期間にわたり収益を認識する（収益認識会計基準第41項）。 履行義務の充足に係る進捗度を合理的に見積ることができない場合には，原価回収基準を適用する（収益認識会計基準第44項）。 なお，期間がごく短い工事契約および受注制作のソフトウェア，船舶による運送サービス，契約の初期段階における原価回収基準の適用について，重要性に基づく代替的な取扱いが認められている。
一時点で充足される履行義務	
物品の販売に関して，実現主義の原則に従い，商品等の販売によって実現したものに限り収益を認識することとされている（企業会計原則第二　一Ａ）。 実務上は，出荷基準，引渡基準または検収基準等が採用され，割賦販売については，割賦金の回収期限の到来の日	一定の期間にわたり収益を認識する要件に該当しない場合，財またはサービスを顧客に移転し当該履行義務が充足された一時点で収益を認識する。 出荷基準について重要性に基づく代替的な取扱いが認められている。 なお，割賦販売における割賦基準に基づ

| または入金の日に収益を認識すること
も認められている。 | く収益認識は認められない。 |

⑥　代替的な取扱い

　収益認識会計基準はIFRS第15号（第3章参照）の基本的な原則を取り入れることを出発点としていますが，我が国で行われてきた実務等に配慮すべき項目については，比較可能性を損なわせない範囲で代替的な取扱いを追加しています。

　なお，代替的な取扱いを適用するにあたっては，企業による過度の負担を回避する趣旨により，金額的な影響を集計して重要性の有無を判定する要件は設けられていません（収益認識適用指針第164項）。

　ここで，顧客に付与するポイントに関する取引価格の配分に関し，収益認識適用指針の公開草案に対して，このような顧客に付与するポイントの会計処理について，履行義務として識別して独立販売価格の比率に基づく取引価格の配分を行うことの困難さから，代替的な取扱いを要望する意見が寄せられていました。

　この点，収益認識適用指針に基づく処理および現行の日本基準の実務におけるポイント引当金の処理の両方において，一定の見積計算を伴う点では同様であり，必ずしも収益認識適用指針に基づく処理のほうがコストがかかるとはいえないと考えられ，さらに，収益認識適用指針においては，顧客との契約の観点で重要性が乏しい場合に，その約束が履行義務であるのかについて評価しないことができるとの代替的な取扱い（収益認識適用指針第93項参照）を定めており，実務における負担が軽減される可能性があると考えられるため，代替的な取扱いを定めないこととされました（収益認識適用指針第182項，第186項）。

　収益認識適用指針において，代替的な取扱いが定められた項目は，図表2-10のとおりです。

図表2−10 代替的な取扱い

重要性の乏しい契約変更（ステップ1）

　契約変更による財またはサービスの追加が既存の契約内容に照らして重要性が乏しい場合，以下のいずれの方法も認められる（収益認識適用指針第92項）。
- 契約変更を独立した契約として処理（収益認識会計基準第30項）
- 契約変更を既存の契約を解約して新しい契約を締結したものと仮定して処理（収益認識会計基準第31項(1)）
- 契約変更を既存の契約の一部であると仮定して処理（収益認識会計基準第31項(2)）

契約に基づく収益認識の単位および取引価格の配分（ステップ1，2）

　以下のいずれも満たす場合には，複数の契約を結合せず，個々の契約において定められている顧客に移転する財またはサービスの内容を履行義務とみなし，個々の契約において定められている金額に従って収益を認識することができる（収益認識適用指針第101項）。
- 顧客との個々の契約が当事者間で合意された取引の実態を反映する実質的な取引の単位であると認められること
- 顧客との個々の契約における財またはサービスの金額が合理的に定められていることにより，当該金額が独立販売価格と著しく異ならないと認められること

重要性の乏しい履行義務の識別（ステップ2）

　約束した財またはサービスが，顧客との契約の観点で重要性が乏しい場合には，当該約束が履行義務であるのかについて評価しないことができる。
　重要性が乏しいかどうかを判定するにあたっては，約束した財またはサービスの定量的および定性的な性質を考慮し，契約全体における相対的な重要性を検討する必要がある（収益認識適用指針第93項）。

出荷および配送活動に関する会計処理の選択（ステップ2）

　顧客が商品または製品に対する支配を獲得した後に行う出荷および配送活動については，商品または製品を移転する約束を履行するための活動として処理し，履行義務として識別しないことができる（収益認識適用指針第94項）。

工事契約および受注制作のソフトウェアの収益認識の単位（ステップ2）

　工事契約および受注制作のソフトウェアについて，実質的な取引の単位を反映するように複数の契約を結合した際の収益認識の時期および金額と，原則的な取扱いに基づく収益認識の時期および金額との差異に重要性が乏しいと認められる場合には，当該複数の契約を結合し，単一の履行義務として識別することができ

る（収益認識適用指針第102項，第103項）。

重要性が乏しい財またはサービスに対する残余アプローチの使用（ステップ4）

　履行義務の基礎となる財またはサービスの独立販売価格を直接観察できない場合で，当該財またはサービスが，契約における他の財またはサービスに付随的なものであり，重要性が乏しいと認められるときには，独立販売価格の見積方法として，残余アプローチを使用することができる（収益認識適用指針第100項）。

契約の初期段階における原価回収基準の取扱い（ステップ5）

　一定の期間にわたり充足される履行義務について，契約の初期段階において，履行義務の充足に係る進捗度を合理的に見積ることができない場合には，当該契約の初期段階に収益を認識せず，当該進捗度を合理的に見積ることができる時から収益を認識することができる（収益認識適用指針第99項）。

期間がごく短い工事契約および受注制作のソフトウェア（ステップ5）

　工事契約について，契約における取引開始日から完全に履行義務を充足すると見込まれる時点までの期間がごく短い場合には，一定の期間にわたり収益を認識せず，完全に履行義務を充足した時点で収益を認識することができる。受注制作のソフトウェアについても，工事契約に準じてこの定めを適用することができる（収益認識適用指針第95項，第96項）。

　なお，当該代替的な取扱いの定めは，現行の取扱いを踏襲するものであり，当該取扱いの範囲を変更することは意図していないため，工事契約および受注制作のソフトウェアのみに適用することができるものであり，一定の期間にわたり収益を認識するその他の契約に適用することはできない（収益認識適用指針第169項）。

船舶による運送サービス（ステップ5）

　一定の期間にわたり収益を認識する船舶による運送サービスについて，一航海の船舶が発港地を出発してから帰港地に到着するまでの期間が通常の期間である場合には，複数の顧客の貨物を積載する船舶の一航海を単一の履行義務としたうえで，当該期間にわたり収益を認識することができる（収益認識適用指針第97項）。

出荷基準の取扱い（ステップ5）

　商品または製品の国内の販売において，出荷時から当該商品または製品の支配が顧客に移転される時までの期間が通常の期間である場合には，出荷時と支配移転時の間の一時点（例えば，出荷時や着荷時）に収益を認識することができる。

　期間が通常の期間である場合とは，当該期間が国内における出荷および配送に要する日数に照らして取引慣行ごとに合理的と考えられる日数である場合をいう

（収益認識適用指針第98項）。

> **個別財務諸表における支給品の消滅認識（有償支給取引）（ステップ5）**
>
> 　企業が，対価と交換に原材料等（以下「支給品」という）を外部（以下「支給先」という）に譲渡し，支給先における加工後，当該支給先から当該支給品（加工された製品に組み込まれている場合を含む。以下同じ）を購入する場合がある（これら一連の取引は，一般的に有償支給取引と呼ばれている）。
>
> 　有償支給取引において，企業が支給品を買い戻す義務を負っている場合，企業は支給品の譲渡に係る収益を認識せず，当該支給品の消滅も認識しないこととなるが，個別財務諸表においては，支給品の譲渡時に当該支給品の消滅を認識することができる。なお，その場合であっても譲渡に係る収益は認識しない（収益認識適用指針第104項）。

(3)　本人と代理人の区別（収益の総額表示・純額表示）

①　概　　要

　ある財またはサービスを提供する場合に，企業と顧客以外の他の当事者が関与している場合があります。

　例えば，顧客が財またはサービスの提供をポイントを付与した企業または他の企業のいずれから受け取るかを選択できる場合（第4章2(1)⑥）や，加入企業が顧客に他社ポイントを付与する場合（第4章2(2)②）が挙げられます。

　このように，他の当事者が関与している場合において，企業が自ら財またはサービスを提供しているときには企業は本人として行動しており，当該他の当事者によって財またはサービスが提供されているにすぎないときには企業は代理人として行動しています。

　したがって，企業と顧客以外の他の当事者が関与している取引について収益認識会計基準を適用して会計処理を検討するにあたっては，企業が本人として行動しているのか，代理人として行動しているのかを判断する必要があります（収益認識適用指針第41項，第42項および第135項）。

②　本人と代理人の会計処理

　収益認識会計基準では，企業が本人として行動しているのか，代理人として行動しているのかにより，認識される収益の額が異なります。

(i)　企業が本人に該当するとき

　企業が本人に該当するときは，履行義務は財またはサービスを自ら提供することであるため，当該財またはサービスの提供と交換に企業が権利を得ると見込む対価の額を収益として認識します（収益認識適用指針第39項）。

(ii)　企業が代理人に該当するとき

　企業が代理人に該当するときは，履行義務は財またはサービスが他の当事者によって提供されるように企業が手配することであるため，当該手配することと交換に企業が権利を得ると見込む報酬または手数料の金額（あるいは他の当事者が提供する財またはサービスと交換に受け取る額から，当該他の当事者に支払う額を控除した純額）を収益として認識します（収益認識適用指針第40項）。

(iii)　本人と代理人の判定

　本人と代理人のどちらに該当するかの判断にあたり，企業は顧客に提供する財またはサービスを識別し，それが顧客に提供される前に企業が支配しているかを判断することとなります（収益認識適用指針第42項）。

　これは，企業が本人として行動するためには，すなわち，財またはサービスを自ら提供するためには，当該財またはサービスを提供する前にまず支配していなければならないと考えられるためです。

　ここで，支配とは，企業が財またはサービスの使用を指図し，当該財またはサービスからの残りの便益のほとんどすべてを享受する能力（他の企業が資産の使用を指図して資産から便益を享受することを妨げる能力を含みます）を有していることをいいます（収益認識会計基準第37項）。

　例えば，企業が顧客以外の当事者に財またはサービスが提供されるように指図することができる，または，それを自ら使用できる場合，企業は当該財またはサービスを支配していると考えることができます。

　ただし，当該支配の要件を満たしているかどうかの判断が必ずしも容易ではないことから，収益認識適用指針第47項では，当該支配の有無を判断するために考慮する指標の例を以下のとおり示しています。

- 企業が当該財またはサービスを提供するという約束の履行に対して主たる責任を有していること

  これには，通常，財またはサービスの受入可能性に対する責任（例えば，財またはサービスが顧客の仕様を満たしていることについての主たる責任）が含まれる。

  企業が財またはサービスを提供するという約束の履行に対して主たる責任を有している場合には，当該財またはサービスの提供に関与する他の当事者が代理人として行動していることを示す可能性がある。

- 当該財またはサービスが顧客に提供される前，あるいは当該財またはサービスに対する支配が顧客に移転した後（例えば，顧客が返品権を有している場合）において，企業が在庫リスクを有していること

  顧客との契約を獲得する前に，企業が財またはサービスを獲得する場合あるいは獲得することを約束する場合には，当該財またはサービスが顧客に提供される前に，企業が当該財またはサービスの使用を指図し，当該財またはサービスからの残りの便益のほとんどすべてを享受する能力を有していることを示す可能性がある。

- 当該財またはサービスの価格の設定において企業が裁量権を有していること

  財またはサービスに対して顧客が支払う価格を企業が設定している場合には，企業が当該財またはサービスの使用を指図し，当該財またはサービスからの残りの便益のほとんどすべてを享受する能力を有しているこ

とを示す可能性がある。ただし，代理人が価格の設定における裁量権を
有している場合もある。例えば，代理人は，財またはサービスが他の当
事者によって提供されるように手配するサービスから追加的な収益を生
み出すために，価格の設定について一定の裁量権を有している場合があ
る。

　上記の指標は，支配の評価を覆すものではなく，単独で行われるものでもな
いとされています（収益認識適用指針第136項）。
　また，契約によって，説得力のある根拠を提供する指標が異なる可能性があ
るため，支配の判定の際には，その財またはサービスの性質や契約条件を十分
に考慮し，その支配の判定と，より関連性のある指標を重視して判断する必要
があります。

第3章

IFRS第15号における会計処理

1 IASBにおける基準改訂の動向

　国際会計基準審議会（IASB）は2014年5月に，米国財務会計基準審議会（FASB）と共同で開発した新たな収益認識会計基準書であるIFRS第15号「顧客との契約から生じる収益」を公表しています。

　IFRS第15号は，包括的な収益認識に関する会計基準であり，2018年1月1日以後開始する事業年度からIFRS適用企業に対して強制適用されています。

　IFRS第15号適用前は，2007年6月に公表されたIFRIC第13号「カスタマー・ロイヤルティ・プログラム」において，顧客にポイントなどの特典クレジットを付与する企業に対する会計処理が定められていました。

　IFRS第15号の発効により，IFRSにおける収益認識に関する以下の基準書および解釈指針書は，IFRS第15号に置き換えられています。

- IFRIC第13号「カスタマー・ロイヤルティ・プログラム」
- IAS第11号「工事契約」
- IAS第18号「収益」
- IFRIC第15号「不動産の建設に関する契約」
- IFRIC第18号「顧客からの資産の移転」
- SIC第31号「収益——宣伝サービスを伴うバーター取引」

　日本においても，2021年4月1日以後開始する年度の期首から原則適用される収益認識会計基準および収益認識適用指針の開発にあたり，基本的な方針としてIFRS第15号の基本的な原則を取り入れることを出発点として会計基準が定められています。

2 ┃ IFRIC第13号およびIFRS第15号におけるカスタマー・ロイヤルティ・プログラムの概要

　カスタマー・ロイヤルティ・プログラムとして顧客の囲い込みや販売促進戦略のため，売手企業が販売取引の一環として購入額に応じたポイントを顧客に付与し，顧客は将来そのポイントを使用することで，無償または値引価格で財またはサービスの提供を受けることができるポイント制度を採用している企業は多く存在します。

　IFRIC第13号では，このようなカスタマー・ロイヤルティ・ポイントは，当初販売時に引き渡された財またはサービスに直接関連する費用ではなく，将来に引き渡される別個の財またはサービスであると捉え，収益を繰り延べる処理が必要となります。この基本的な考え方についてはIFRIC第13号とIFRS第15号で相違はありません。

　しかしながら，IFRIC第13号では，当初販売した財またはサービスとポイントへの取引価格の配分方法について，独立して販売され得る金額（公正価値）に基づく方法と，取引価格から一方の公正価値を控除した残額を他方に配分する残余法の2つの方法が容認されている一方，IFRS第15号では一定の要件を満たした場合にしか残余法の適用を認めていない点が異なります。

　具体例を示すと設例3－1のとおりです。

設例 3 － 1　取引価格の配分方法：相対的な独立販売価格 vs. 残余法

[前提条件]

- A社は多店舗展開している小売企業であり，ポイント制度を採用している。
- A社は，顧客が100円の購入につき1ポイント付与しており，顧客は1ポイントをA社の1円の商品と交換もしくは商品から1円の値引きを受けることができる。
- ポイントは商品の購入から2年間使用することができ，2年経過後未使用のポイントは失効する。
- X1年度にA社は顧客に1,000,000円の商品を販売し，10,000円のポイントを顧客に付与した。付与したポイントのうち，80%が将来使用され，20%は使用されずに失効となる見込みである。

[会計処理]（単位：円）

1．相対的な独立販売価格（公正価値）に基づく方法（IFRS第15号の原則的な方法）

| （借）　現金及び預金 | 1,000,000 | （貸）　売　上　高 | 992,063 |
| | | ポイント(契約負債) | 7,937 |

履行義務	独立販売価格	配分金額
商品	1,000,000	992,063 （＝1,000,000×1,000,000÷1,008,000）
ポイント	8,000 （＝10,000×80%）	7,937 （＝1,000,000×8,000÷1,008,000）
合計	1,008,000	1,000,000

2．残余法（IFRS第15号では一定の要件を満たした場合にしか認められない方法）

（本設例では，商品およびポイントの独立販売価格が見積れているため，IFRS第15号では残余法は適用できないと考えられるが，残余法の理解のために以下を記載している。）

(借) 現金及び預金	1,000,000	(貸) 売　上　高	992,000
		ポイント(負債)	8,000

履行義務	独立販売価格	配分金額
商品	1,000,000	992,000 (＝1,000,000−8,000)(※1)
ポイント	8,000 (＝10,000×80%)	8,000
合計	1,008,000	1,000,000

(※1)　ポイントの独立販売価格から差額で算出

　IFRS第15号において，残余法（残余アプローチ）を使用できるのは，以下の要件のいずれかに該当する場合だけとなります。

> ①　企業が同一の財またはサービスを異なる顧客に（同時に，またはほぼ同時に）広い範囲の金額で販売している（すなわち，代表的な独立販売価格が過去の取引または他の観察可能な証拠から識別可能ではないため，販売価格の変動性が高い）
> ②　企業が当該財またはサービスについての価格をまだ設定しておらず，当該財またはサービスがこれまで独立して販売されたことがない（すなわち，販売価格が不確定である）

　したがって，IFRIC第13号において残余法（残余アプローチ）を採用していた場合，上記要件に該当しない限り，IFRS第15号では取引価格の配分方法を見直す必要があります。

　日本の収益認識会計基準においてはIFRS第15号と同様に一定の要件を満たした場合にしか残余法（残余アプローチ）の適用を認めていませんが，日本においては代替的な取扱いも定められています。

　この残余法に関する定めにかかわらず，履行義務の基礎となる財またはサー

ビスの独立販売価格を直接観察できない場合で，当該財またはサービスが，契約における他の財またはサービスに付随的なものであり，重要性が乏しいと認められるときには，独立販売価格の見積方法として，残余法（残余アプローチ）を使用することができるとされています（収益認識適用指針第100項）。

　一方，通常の企業において，ポイントは顧客にとって重要なサービス等と判断して顧客の囲い込みなどのために付与することが多く，一定の重要性があるケースが多いことが想定されます。

　そのため，日本の収益認識会計基準におけるこの代替的取扱いをポイントの取引価格の配分において適用できるケースは限定的であると考えられます。

3 ┃ IFRS第15号「顧客との契約から生じる収益」と日本の収益認識会計基準との相違点

(1)　日本の収益認識会計基準における代替的な取扱い

　日本の収益認識会計基準はIFRS第15号の基本的な原則を取り入れることを出発点として開発されていますが，我が国で行われてきた実務等に配慮すべき項目については，比較可能性を損なわせない範囲で前述の残余アプローチの採用などに関して代替的な取扱いを追加しています。詳細については，第2章「2　収益認識会計基準総論」をご参照ください。

(2)　契約コストの取扱い

　代替的な取扱いのほか，日本の収益認識会計基準では，棚卸資産や固定資産等，コストの資産化等の定めがIFRSの体系とは異なることから，IFRS第15号における契約コストの定めを適用範囲に含めていません。

　なお，契約コストとは，契約獲得の増分コストおよび契約を履行するためのコストとなります。

第 **4** 章

ポイント制度の会計処理

1 ┃ 我が国における従来の会計処理

(1) ポイント制度に関する会計処理

① 概　　要

　我が国では，小売，通信，航空，サービス等の業種において，企業の販売促進の手段の1つとしてポイント制度が採用されていますが，収益認識会計基準導入前の日本基準では，ポイント制度について明確に定めた会計基準はありませんでした。

　ポイント制度は，商品の購入またはサービスの利用の都度ポイントが付与され，次回以降の商品の購入またはサービスの利用時にポイントを使用できることが一般的です。このような商品またはサービスと交換されるポイントの未使用残高に対して，ポイント引当金等として引当金が計上されている事例が見られます（引当金研究資料【ケース7：ポイント引当金】）。

② ポイント引当金の会計処理

　従来の会計処理はポイントの付与について，当初売上取引の構成要素としてではなく，顧客への販売促進に資する別個の取引として取り扱う考え方を前提としていたと考えられます。

この考え方によれば，収益を当初売上額の総額で認識するとともに，将来，ポイントと交換される商品またはサービスを販売費及び一般管理費として見積り，負債計上することとなります（収益認識研究報告【ケース11】）。

ポイント制度に関しては，顧客に付与したポイントのうち，期末時の未使用ポイント残高について，以下の引当金の計上要件（企業会計原則注解【注18】）をすべて満たす場合，将来使用されると見込まれる額をポイント引当金として負債計上し，ポイント引当金の繰入額を販売費及び一般管理費として計上する会計処理が一般的であると考えられます（図表4－1参照）。

図表4－1 | ポイント引当金の計上要件

引当金の計上要件	実務における一般的な考え方
将来の特定の費用または損失であること	将来のポイント使用時に自社の商品等の無償提供や値引きが発生している。
発生が当期以前の事象に起因すること	商品の購入またはサービスの利用という過去の事象に起因して発生している。
発生の可能性が高いこと	商品やサービスと交換可能なポイントの付与が，約款や広く周知された撤回不可能な方針等に基づいて行われており，将来の商品またはサービスとの交換時に通常の取引価格を下回る価格での提供または一定の支出が見込まれている場合には，ポイントの使用に伴う費用の発生可能性は高いと考えられる
金額を合理的に見積ることができること	ポイントの料率が決まっており，ポイント利用の実績データの蓄積により，将来の利用割合を合理的に見積ることができる場合には，金額を合理的に見積ることができると考えられる。

(i) ポイント引当金の計算方法

制度によって，ポイント引当金の計算方法は異なると考えられますが，一般的な計算方法は以下のとおりです。計算にあたっては「ポイント未使用残高」，

「失効率」,「1ポイント当たりの単価」の計算基礎を適切に設定し,合理的に算定する必要があります。

【一般的なポイント引当金の計算式】

> ポイント引当金＝ポイント未使用残高(a)×（1－失効率(b)）×1ポイント当たりの単価(c)

以下,上記計算式の各々の計算基礎の内容を解説します。

(a)　ポイント未使用残高

ポイント未使用残高は,顧客に付与したポイントのうち,ポイント引当金を計上するタイミングで未使用となっているポイントの残高です。

ポイント未使用残高を算定する際は有効期限やすでに商品券等に交換済みのポイントの取扱いに留意が必要です。

例えば,ポイントに有効期限がある場合,失効したポイントは将来使用される見込みがないことから引当金として計上する必要はありません。

したがって,計算式のポイント未使用残高は有効期限内のポイント未使用残高になります。

また,ポイントを使用して自社の商品券等に交換するポイント制度の場合,商品券等の未使用残高をポイント換算し,ポイント未使用残高に含める必要があると考えられます。

(b)　失効率

失効率は,ポイント未使用残高のうち,将来に失効すると見込まれるポイントの割合をいいます。付与ポイントに対する失効ポイントではない点に留意が必要です。

ポイントに有効期限が設定されている場合には,失効率を算定するために,同じ有効期限を迎えるグループ単位でポイント未使用残高を集計する必要があ

ると考えられます。

　なお，失効率は，ポイント引当金の計上タイミングで，最善の方法で見積る必要があり，一般的には過去の失効実績等に基づいて算出します。

　失効実績は，当期または過去の一定期間の失効実績に基づき，ポイントの利用傾向や失効までの残余期間等を考慮した過去の数値になると考えられます。

　そのため，期末時点の未使用ポイント残高のうち，将来失効すると見込まれるポイントの割合を見積るのに適切な期間を選定する必要があります。

　ただし，ポイント制度の運用実績が短く，失効実績が発生していない場合や，ポイント制度自体が大きく変わり，過去の失効実績をそのまま使用することが合理的ではないと判断される場合には，将来の失効率を最善の見積りにより算定する必要があると考えられます。

　例えば，同業種，同業態および同規模の会社への導入実績・効果の情報収集，自社での導入前の試験運用の結果等，可能な限り見積りのための情報を収集することが考えられます。

⒞　1ポイント当たりの単価 ── 売価と原価の考え方

　1ポイント当たりの単価の見積方法として，「原価ベース」と「売価ベース」のいずれかを採用することが考えられます。

原価ベース	ポイント付与によって生じた義務を「顧客がポイントを使用した時点で商品等を引き渡す義務またはサービスを提供する義務」と捉える考え方
売価ベース	ポイント付与によって生じた義務を「顧客がポイントを使用した時点で関連する売上取引に対して値引き等を行う義務」と捉える考え方

　上記のうち，どちらの考え方を採用するかは，例えば，ポイントの使用に対応する売上取引の有無や，ポイントの性質によって異なってくると考えられます（収益認識研究報告【ケース11】）。

　「原価ベース」は，付与したポイントと商品や役務との将来の交換を，その

ポイントを付与するもととなった当初売上取引の構成要素として取り扱わず，むしろ顧客への商品または役務の販売促進に資する別個の取引として取り扱う考え方を前提としています。

　この考え方によれば，収益を当初売上取引額の総額で認識するとともに，将来，ポイントと交換される商品または役務を販売費及び一般管理費として見積り，負債計上することとなります。

　この場合には，当該負債の測定値として，将来，商品または役務と交換される義務の履行に伴う見積コストを用いることとなります。

　一方で，「売価ベース」は，付与したポイントと商品や役務との将来の交換を，そのポイントを付与するもととなった当初売上取引において，値引きやリベートと同様に考慮すべき販売条件の1つとしてとらえる考え方を前提としています。

　この考え方によれば，将来，ポイントと交換される商品または役務は，実質的には当初販売価額の一部減額，将来，交換される商品または役務の対価の前受金という性格を有するため，売上高から控除するとともに前受金として繰り延べることになります。

　実務上は，「原価ベース」で処理し，ポイントと交換される商品または役務を販売費及び一般管理費として見積り，負債計上している実務が多いと考えられます（収益認識研究報告【ケース11】）。その場合の会計処理を具体例で示すと設例4－1のとおりです。

設例4－1　ポイント引当金の会計処理（原価ベース）

[前提条件]

① 売上金額が一定額以上の顧客に対して永久ポイントを付与し，顧客はそのポイントを商品と交換することができるというポイント制度を採用している。

② 顧客は1ポイント＝1円として当社商品の販売時にポイントを使用することができる。

③　10,000円の商品を現金で販売し（原価率80％とする），10％分（1,000円分）のポイントを付与した。

④　期中に500円分のポイントが当社商品の購入（値引き）に使用された（1,000円の商品を販売し，現金500円を受領した。なお，対応する商品原価は800円とする）。

⑤　期末において，将来のポイント使用見込みを見積った結果，ポイント未使用残高500ポイントのうち，50ポイントが失効すると見込まれる（ポイント残高に対する失効率10％）。

⑥　ポイント引当金の算定は原価ベースで行うこととし，原価率は80％を用いる。

⑦　ポイント使用部分については，将来の販売促進効果を有するものと捉え，販売促進費として処理する。

⑧　税効果会計および消費税等は考慮しない。

[会計処理]（単位：円）

1．ポイント付与時

（借）現　　　　　金	(※1)10,000	（貸）売　　上　　高	(※1)10,000
（借）売　上　原　価	(※2)8,000	（貸）商　　　　　品	(※2)8,000

（※1）　前提条件③参照
（※2）　8,000円＝売上高10,000円×原価率80％

2．ポイント使用時

（借）現　　　　　金	(※1)500	（貸）売　　上　　高	(※1)1,000
販　売　促　進　費	(※2)500		
（借）売　上　原　価	(※1)800	（貸）商　　　　　品	(※1)800

（※1）　前提条件④参照
（※2）　差額で算出

3．期末時

（借）ポイント引当金 　　　繰入額（販売費 　　　及び一般管理費）	$^{（※）}360$	（貸）ポイント引当金	$^{（※）}360$

（※）　360円＝ポイント未使用残高500ポイント×（1－失効率（10%））×1ポイント当たりの
　　　単価0.8円（1ポイント＝1円×原価率80%）

---

2 ┃ 収益認識会計基準導入後の会計処理

⑴　自社ポイントの会計処理

①　概　　要

　企業が自社ポイントを発行し，商品またはサービスを提供する際に，追加の財またはサービスを取得する権利（追加オプション）を顧客に付与する場合には，その追加オプションが顧客に重要な権利を付与するものであるか否かを判断する必要があります。

　その結果，追加オプションが顧客に重要な権利を付与するものである場合には，商品またはサービスの提供とは別個の履行義務として取り扱う必要があります。

　この場合，その追加オプションについては，販売時に将来の履行義務として契約負債を認識します（ステップ2）。

　ここで，契約負債とは，財またはサービスを顧客に移転する企業の義務に対して，企業が顧客から対価を受け取ったもの，または対価を受け取る期限が到来しているものをいいます（収益認識会計基準第11項）。

　その後，取引価格（ステップ3）について，商品・サービスと追加オプションに独立販売価格の比率に基づいて取引価格が配分され（ステップ4），追加オプションに配分された取引価格は，追加オプションの行使時または追加オプ

ションの失効時まで収益計上が繰り述べられます（ステップ5）。

| 図表4−2 | 自社ポイントにおける収益認識のステップごとの検討過程 |

ステップ1
　　　契約の識別

商品の販売やサービスの提供に関する契約を識別する。

ステップ2
　　　履行義務の識別

ステップ1で識別された契約から，履行義務を識別する。商品の販売時やサービスの提供時に顧客にポイントを付与し，顧客が将来それを使用することにより，追加の財またはサービスを提供する場合には，「重要な権利」に該当し別個の履行義務として取り扱われる場合が多いと考えられる（収益認識会計基準第48項）。

ステップ3
　　　取引価格の算定

ステップ1で識別された契約の取引価格を算定する。商品やサービスおよびポイントの独立販売価格を算定する必要がある。

ステップ4
　　履行義務への取引価格の按分

ステップ3で決定した取引価格を，ステップ2で識別した履行義務に配分する。取引価格を独立販売価格の比率に基づき，商品やサービス，ポイントに配分する。

ステップ5
　　履行義務の充足による収益の認識

商品やサービスの顧客への移転およびポイントの使用（または失効）に応じて，履行義務を充足した時，または充足するにつれて収益を認識する。

②　ポイントが別個の履行義務となる要件（ステップ2）

（i）　自社ポイントに関する履行義務

　商品またはサービスの提供時に顧客に自社ポイントを付与する取引について，ポイントが別個の履行義務となるためには，以下の2つの要件を満たす必要があります（収益認識適用指針第48項）。

> ・ポイントは顧客が企業と契約を締結しなければ得られないものである
> ・ポイントは顧客に重要な権利を提供するものである

　まず，「顧客が企業と契約を締結しなければ得られない場合」として，例えば，顧客が商品やサービスを購入した時に企業が付与したポイント（購入ポイント）が該当します。

　なお，アクションポイント（来店ポイント，店舗発行カードの入会ポイント等）や，不特定多数に配布されるクーポン券については，上記の定義に該当しないと考えられます。

　次に，「顧客に重要な権利を提供する場合」について，「重要な権利」とは，例えば，そのオプションにより顧客が属する地域や市場における通常の値引きの範囲を超える値引きを提供する場合をいいます（収益認識適用指針第48項）。

　ポイントは一定期間または無期限に蓄積される性質があることを鑑みると，取引におけるポイント付与率が低いということのみでは，必ずしも「重要な権利」に該当しないとはいえない点に留意することが必要です。

(ii)　ポイントの付与が「重要な権利を顧客に提供する」と判断されなかった場合

　企業が顧客に対し財またはサービスの提供とともにポイントを付与することで，顧客が受け取るポイントの価値が重要な権利を提供するものではないと判断した場合，そのポイントについて履行義務は識別されません。

　この場合，既存の契約の取引価格を追加の財またはサービスに対するオプションに配分せず，顧客が当該オプションを行使した時に，当該追加の財またはサービスについて収益を認識することとなります（収益認識適用指針第49項）。

　このように，ポイントについて履行義務が識別されない場合，取引価格をポイントに配分せず，企業は顧客から受け取った対価の全額を収益とし，契約負債は認識されないと考えられます。

③　ポイントの取引パターン別の考え方

（i）　購入ポイント

購入ポイントは，商品やサービスの購入に伴い付与されるものであり，このオプションが顧客に重要な権利を提供すると考えられる場合，収益認識適用指針第48項の「追加の財又はサービスを取得するオプションの付与」に該当し，収益を繰り延べる会計処理が必要になると考えられます。

（ii）　ボーナスポイント

ボーナスポイントは，顧客の月間の購入金額が企業の定めた条件を達成することで顧客に付与するポイントであり，商品やサービスの購入に伴い付与されたと考えられます。

したがって，当該オプションが顧客に重要な権利を提供すると考えられる場合，収益認識適用指針第48項の「追加の財又はサービスを取得するオプションの付与」に該当し，収益を繰り延べる会計処理が必要になると考えられます。

（iii）　アクションポイント

アクションポイント（来店ポイント，店舗発行カードの入会ポイント等）については，商品やサービスの購入に伴い付与されたものではないため，顧客との契約に基づいていない場合には，「追加の財又はサービスを取得するオプションの付与」には該当しないと考えられます（収益認識適用指針第48項）。

また，顧客から対価を受け取ることなくポイントを付与するものであり，「契約負債」の定義にも該当しない（収益認識会計基準第11項）と考えられます。

一方で，企業には，購入ポイントやボーナスポイントと同様に，将来のポイントの使用に伴いポイントをあらかじめ定められた特典と交換する義務が存在します。

したがって，アクションポイントのうち収益認識会計基準の対象とならないものについては，企業会計原則注解【注18】の要件に沿ってポイント引当金の

計上の要否を検討することが必要となります。

(iv)　自社発行商品券との交換

　ポイントの交換先は多様であり，財またはサービスと交換できるだけでなく，ポイントを付与した企業でのみ使用できる商品券（以下「自社発行商品券」といいます）と交換できる場合があります。

　企業が現金を対価として自社発行商品券を発行し，顧客から返金が不要な前払いがなされた場合，顧客に将来において企業から財またはサービスを受ける権利が付与され，当該企業は顧客に対し将来において財またはサービスを移転する（あるいは移転するための準備を行う）義務を負うこととなるため，顧客から支払を受けたときに，支払を受けた金額で契約負債を認識することとなります（収益認識会計基準第78項および収益認識適用指針第52項）。

　また，ポイントに関する契約負債を計上していたものの，顧客がポイントを使用して等価の自社発行商品券と交換した場合には，将来のポイントの使用に伴いポイントをあらかじめ定められた特典と交換する義務が充足されておらず，顧客に対して将来において財またはサービスを移転する（あるいは移転するための準備を行う）義務をポイント付与時から継続して負っていると考えられます。

　したがって，当該履行義務については引き続き契約負債を認識することになると考えられます。

(v)　販促品等との交換

　収益認識会計基準では，顧客との契約から生じる収益に関する会計処理および開示を適用範囲とし（収益認識会計基準第3項），「顧客」を対価と交換に企業の通常の営業活動により生じたアウトプットである財またはサービスを得るために当該企業と契約した当事者と定義しています（収益認識会計基準第6項）。

　そのため，ポイントには，企業のブランド名などが用いられた販促品やノベ

ルティ商品等（以下「販促品等」といいます）と交換できる場合がありますが，この財との交換が「通常の営業活動により生じたアウトプットである財またはサービス」に該当するかについて実態に応じた判断が必要となります。

判断基準として，例えば以下が挙げられます。

- 対象商品が販売目的として制作されているか
- ポイントカード会員限定でポイントとのみ交換可能か
- 交換に必要なポイントに相当する金額が制作費用を超えており当該財との交換によって企業に利益が生じるか

ポイントが重要な権利を顧客に提供しており，顧客がポイントを使用し販促品等と交換し，販促品等が「通常の営業活動により生じたアウトプットである財又はサービス」に該当すると判断した場合，その交換により収益を認識することになると考えられます（収益認識会計基準第35項および収益認識適用指針第48項）。

一方，販促品等との交換を顧客への財またはサービスの販売促進に資する別個の取引として捉え，「通常の営業活動により生じたアウトプットである財又はサービス」に該当しないと判断した場合，当該財との交換は収益認識会計基準の適用対象とはなりません。

そのため，企業会計原則注解【注18】の引当金の要件を満たす場合には，将来においてポイントと交換される販促品等の費用を販売費及び一般管理費として見積り，引当金として負債計上することになると考えられます。

④　ポイントに配分される独立販売価格の算定（ステップ4）

ポイントの付与が商品やサービスの提供と別個の履行義務と判断された場合には，契約全体の取引価格を各履行義務の基礎となる商品またはサービスおよびポイントの独立販売価格の比率で各履行義務に配分することになります。

しかしながら，通常，ポイントはそれのみで販売されていないことが多いため，購入ポイントの独立販売価格について，見積りを行う必要があります。

　具体的には，ポイントを使用することによって顧客が得られるであろう値引きの額について，以下の2つの要素を反映して，ポイントの独立販売価格を見積ります（収益認識適用指針第50項）。

- 顧客がポイントを使用しなくても通常受けられる値引き
- ポイントが使用される可能性

　したがって，一般的には，ポイントの独立販売価格は，以下のように算定されます。

1ポイント当たりの独立販売価格
＝1ポイント当たりの金額×（1－通常値引率）×（1－失効率）

⑤　有効期限が設定されたポイントの失効（ステップ5）

　ポイントが重要な権利であり別個の履行義務と判断され，契約負債が計上されている場合，将来の財またはサービスが移転するとき，あるいはそのポイントが消滅するときに収益を認識することとされています（収益認識適用指針第48項，第140項）。

　そのため，有効期限が設定されたポイントが期限切れにより失効した場合，ポイント付与時に計上した契約負債からポイントの使用に伴い取り崩した残額（ポイントが失効した年度に計上していた残りの契約負債）をすべて取り崩し，収益を認識することとなります。

⑥　顧客が財またはサービスの提供をポイントを付与した企業または他の企業のいずれから受け取るかを選択できる場合

　顧客がポイントと交換に，ポイントを付与した企業または他の企業のいずれから追加の財またはサービスの提供を受けるかを選択する権利を有しており，ポイントを付与した企業が当該ポイントに係る履行義務を識別した場合には，その性質を考慮する必要があります。

　すなわち，自社ポイントを発行した企業は，顧客のポイントの使用により，自社または他社のいずれが当該財またはサービスの提供を行うべきかが判明するまで，企業には将来に財またはサービスを引き渡すために待機する義務が存在します。

　したがって，企業が財またはサービスを引き渡すか，顧客が他の企業の財またはサービスを選択し待機する義務がなくなるか，あるいはポイントが失効した時点で履行義務が充足され，収益が認識されることになると考えられます。

　なお，顧客が他の企業から財またはサービスの提供を受けることを選択した場合，企業はその財またはサービスの提供において，本人または代理人のいずれに該当するかを判断する必要があります。

　企業が本人と判断される場合には，総額で収益を計上することとなりますが，企業が代理人と判断される場合には，他社のために回収したと考えられる金額については，取引価格の算定において，第三者である運営企業のために回収した金額を除外することとなります（収益認識会計基準第8項）。

　この場合の会計処理については，「(2)　他社ポイントの会計処理」をご参照ください。

⑦　収益認識会計基準に基づく自社ポイントの会計処理例

　企業が付与するポイントが当該企業の商品またはサービスのみと交換可能な場合の会計処理については，以下の設例をご参照ください。

設例4－2　自社ポイント（購入ポイント）の付与

［取引の内容］

　ポイント制度の継続利用を促進するため，購入金額等に応じて売上取引の一環として顧客にポイントを付与する取引が考えられる。

　なお，通常のポイント付与ルールに従った基本ポイント以外に，例えばポイント2倍セールなどの倍率ポイントや特定の単品に付与される単品ポイントも

販売取引と紐付いており購入ポイントに含まれる。

［前提条件］

　小売業を営むA社は顧客に売価10,000円の商品を現金販売し，100ポイント（1ポイント＝1円）を付与した（失効率5％）。

　当該ポイントは，契約を締結しなければ顧客が受け取れない重要な権利を顧客に提供するものであるため，A社は，顧客へのポイントの付与により履行義務が生じると結論付けた。

　顧客は翌期に付与されたポイントのうち，80円分のポイントを使用してA社は80円の商品を渡した。残りの20円分のポイントは使用されなかったため失効した。

　※　売上原価の仕訳は省略し，消費税等は考慮しない（第5章「3(1)②図表5-3　自己発行ポイントに関する会計・法人税法・消費税法の処理」を参照）。

［会計処理］（単位：円）

　収益認識会計基準の導入により，購入ポイントは既存の契約である売上取引の一環で，顧客に追加の財またはサービスを取得するオプションとして付与されたものであり，当初売上取引の構成要素に含まれる旨が明確化された。当該オプションが顧客に重要な権利を提供する時は従来のポイント引当金としての会計処理から，契約負債として収益を繰り延べる処理に変更されている。

1．商品の販売時（A社ポイントの付与時）

〈従来の会計処理〉

| （借） | 現　金　預　金 | 10,000 | （貸） | 売　　上　　高 | 10,000 |
| （借） | 販　売　費　及　び　一　般　管　理　費 | 95 | （貸） | ポイント引当金 | (※1)95 |

（※1）　未使用ポイント残高100円×（1－失効率5％）＝95円

〈収益認識会計基準導入後の会計処理〉

(借) 現 金 預 金	10,000	(貸) 売 上 高	[※2]9,906
		契 約 負 債	[※2]94

(※2)　取引価格10,000円について，以下の独立販売価格の比率で売上高と契約負債に按分している。

　　　商品の独立販売価格：10,000円

　　　ポイントの独立販売価格：100円×（1－失効率5％）＝95円

　　　売上高9,906円＝10,000円×独立販売価格10,000円÷10,095円

　　　契約負債94円＝10,000円×独立販売価格95円÷10,095円

2．ポイントの使用時

〈従来の会計処理〉

(借) ポイント引当金	80	(貸) 売 上 高	80

〈収益認識会計基準導入後の会計処理〉

(借) 契 約 負 債	79	(貸) 売 上 高	[※1]79

(※1)　94円×（80ポイント÷95ポイント）≒79円

3．ポイント失効時

〈従来の会計処理〉

(借) ポイント引当金	15	(貸) ポイント引当金	[※1]15
		戻 入 益	

(※1)　95円－80円＝15円

〈収益認識会計基準導入後の会計処理〉

(借) 契 約 負 債	15	(貸) 売 上 高	[※2]15

(※2)　94円－79円＝15円

設例４－３　自社ポイント（ボーナスポイント）の付与

[取引の内容]

　ポイント制度の継続利用を促進するため，例えば顧客の月間の購入金額等で一定条件を達成することで，売上取引の一環として顧客にポイントをボーナスとして追加的に付与する取引を想定している。

[前提条件]

　小売業を営むA社は顧客Bに月間で合計100,000円の商品を現金販売した。A社は月間売上が80,000円を超えた顧客に月末に一律500円分のボーナスポイントを付与するポイント制度を運用している。

　A社は顧客Bに通常の売上取引の都度付与される1,000円分の購入ポイントに加えて，500円分のボーナスポイントを付与した（失効率５％）。

　購入およびボーナスポイントは，契約を締結しなければ顧客が受け取れない重要な権利を顧客に提供するものであるため，A社は，顧客へのポイントの付与により履行義務が生じると結論付けた。

　※　売上原価の仕訳は省略し，消費税等は考慮しない。

[会計処理]（単位：円）

　ボーナスポイントは，顧客の月間の購入金額が企業の定めた条件を達成することで顧客に付与されるポイントであり，商品やサービスの購入に伴い付与されたと考えられる。

　したがって，当該オプションが顧客に重要な権利を提供すると考えられる場合，収益認識適用指針第48項の「追加の財又はサービスを取得するオプションの付与」に該当し，収益を繰り延べる会計処理が必要になると考えられる。

1. 商品の販売およびA社ポイントの付与

〈従来の会計処理〉

| （借）現 金 預 金 | 100,000 | （貸）売　上　高 | 100,000 |
| （借）販 売 費 及 び 一 般 管 理 費 | 1,425 | （貸）ポイント引当金 | (※1)1,425 |

（※1）　未使用ポイント残高(1,000円＋500円)×(1－失効率5％)＝1,425円

〈収益認識会計基準導入後の会計処理〉

| （借）現 金 預 金 | 100,000 | （貸）売　上　高 | (※2)98,595 |
| | | 契　約　負　債 | (※2)1,405 |

（※2）　取引価格100,000円について，以下の独立販売価格の比率で売上高と契約負債に按分している。
　　　　商品の独立販売価格：100,000円
　　　　ポイントの独立販売価格：1,500円×(1－失効率5％)＝1,425円
　　　　売上高98,595円＝100,000円×独立販売価格100,000円÷101,425円
　　　　契約負債1,405円＝100,000円×独立販売価格1,425円÷101,425円

設例4－4　自社ポイント（アクションポイント）の付与

[取引の内容]

　顧客との接点を拡大するため，例えば来店時に店頭でポイントを付与する来店ポイント，カード入会時の店舗発行カードの入会ポイント，カード会員の誕生月に無条件で一定ポイントを付与するバースデーポイント等，購入以外の顧客行動に関してポイントを付与するケースがある。

[前提条件]

　クレジットカード業を営むA社は会員メンバーであるB氏の誕生月に100円分のポイントを付与した（失効率5％）。

　※　他の取引および消費税等は考慮しない。

［会計処理］（単位：円）

　誕生月に付与されたポイント（アクションポイント）は，売上取引の一環として付与されるものではないためオプションの付与には該当せず，収益を繰り延べる会計処理は行わない。

　したがって，追加の財またはサービスを取得する商品の購入からは独立した取引であり，別個の履行義務には該当しないと考えられる。

　一方で，企業には，顧客が将来ポイントを使用することにより，ポイントをあらかじめ定められた商品などの特典と交換する義務が存在する。

　そのため，当該義務について，企業会計原則注解【注18】の要件に基づき引当金計上の要否を検討する必要がある。

　なお，来店時に付与されるポイントであっても，商品の購入が付与の条件となっているなど，さまざまなケースがあるため，ポイント制度の内容を十分に理解する必要があることに留意が必要である。

アクションポイントの付与時（A社）

〈従来の会計処理〉

（借）販売費及び一般管理費	95	（貸）ポイント引当金	(※1)95

（※1）　未使用ポイント残高100円×（1−失効率5％）＝95円

〈収益認識会計基準導入後の会計処理〉

（借）販売費及び一般管理費	95	（貸）ポイント引当金	(※2)95

（※2）　収益認識会計基準導入後の会計処理も同様と考えられる。

設例4−5　チラシに掲載されている割引券，街頭で不特定多数に配布するクーポン券等の発行（利用）

［取引の内容］

　外食店等では，販売促進のためにチラシや街頭配布等により割引券やクーポ

ン等を発行するケースが存在する。

[前提条件]

A社は販売促進のために割引券を店頭前で不特定多数者に配布した。

A社はレストランで顧客に売価10,000円の食事を提供し，顧客は精算時に100円の割引券を使用した。

※ 売上原価の仕訳は省略し，消費税等は考慮しない。

[会計処理]（単位：円）

割引券，クーポン券等は，将来，商品等を無償または割引価格で購入できる権利を付与するものであるが，売上取引の一環として付与されるものではないため追加の財またはサービスを取得するオプションの付与には該当せず，商品の購入から独立した取引であり別個の履行義務には該当しないと考えられる。

これらは将来の商品購入時に顧客が企業に対する債務額に充当できるものであり，将来それらの割引券やクーポンが利用された時点で売上の値引き（商品販売時に収益を減額する）として処理することになると考えられる（収益認識会計基準第63項，第64項）。

商品の販売時

〈従来の会計処理〉

| （借）現　　　　金 | 9,900 | （貸）売　上　高 | (※1)9,900 |

（※1）　売価10,000円 − 割引額100円

〈収益認識会計基準導入後の会計処理〉

| （借）現　　　　金 | 9,900 | （貸）売　上　高 | (※1)9,900 |

（※2）　収益認識会計基準導入後の会計処理も同様と考えられる。

設例4－6　自社発行ポイントと提携企業のポイント交換

[取引の内容]

　企業間のポイント提携により，自社で付与したポイントを他社のポイントと交換するケースを想定している。

[前提条件]

　A社およびB社はポイント提携に際し，A社ポイントとB社ポイントを1：1で交換する契約を締結している。

　A社は顧客からの申請により，A社ポイント50円分をB社ポイント50円分と交換した。

　※　消費税等は考慮しない。

[会計処理]（単位：円）

　顧客が自社ポイントを他社ポイントと交換した場合，顧客に将来の財またはサービスを提供するという自社の履行義務は他の企業に移転することとなる。

　この場合，顧客が自社ポイントを使用し他社ポイントと交換したときに履行義務が消滅し，他社に対する負債が計上されることとなる。

　なお，このようなポイント同士の交換取引についても，交換の約定上，運営企業のポイント交換に関して加入企業の履行義務がある場合，企業が本人または代理人のいずれに該当するかを検討することが必要と考えられる。

自社ポイントと他社ポイントの交換時

〈従来の会計処理〉

自社（A社）

（借）ポイント引当金	50	（貸）未　払　金	50

他社（B社）

（借）未　収　入　金	50	（貸）ポイント引当金	50

〈収益認識会計基準導入後の会計処理〉

自社（A社）

(借) 契 約 負 債	50	(貸) 未 払 金	(※1)50

他社（B社）

(借) 未 収 入 金	50	(貸) 契 約 負 債	(※2)50

(※1)　A社は，B社ポイントとの交換により，B社に対してポイント相当額を支払う義務が生じるため，未払金を計上するとともに，交換ポイントに対応する契約負債を取り崩す。

(※2)　B社は，A社ポイントとの交換により，A社からポイント相当額を受け取る権利が生じるため，未収入金を計上するとともに，交換ポイントに対応する契約負債を計上する。

(2)　他社ポイントの会計処理

①　他社ポイントを付与した場合の会計処理

　企業が他社のポイント制度に加入した場合には，ポイント制度に参加する企業にとって，ポイントの付与が顧客に対して重要な権利を提供しているか否かが問題となります。

　仮に重要な権利を提供していると判断される場合，ポイントについての履行義務が識別されることとなりますが，重要な権利を提供していないと判断される場合には，履行義務が識別されることはありません。

　例えば，加入企業がポイントを付与する旨を運営企業に連絡し，同時に運営企業にポイントに相当する代金を支払う義務のみを有しており，運営企業のポイント付与が，加入企業の観点からは顧客に重要な権利を付与していないと判断される場合には，加入企業ではポイントに関する履行義務を識別しないこととなります。

　また，顧客にポイントを付与するまで加入企業にポイントの購入義務がなく，その他の事実および状況から加入企業がポイントを支配していないと考えられる場合には，加入企業の取引価格の算定において，第三者である運営企業のた

めに回収した金額を除外することとなります（収益認識会計基準第8項）。

他社ポイントの付与に関する会計処理については，設例4-7をご参照ください。

| 図表4-3 | 他社ポイントにおける収益認識のステップごとの検討過程 |

ステップ1
契約の識別

商品の販売やサービスの提供に関する契約を識別する。

ステップ2
履行義務の識別

ステップ1で識別された契約から，履行義務を識別する。他社ポイントの付与が企業にとって重要な権利の付与に該当しないと判断される場合には，他社ポイントに係る履行義務は識別されず，商品やサービスの履行義務が識別される。

ステップ3
取引価格の算定

ステップ1で識別された契約の取引価格を算定する。他社ポイントについては，第三者のために回収される金額を取引価格から除外する。

ステップ4
履行義務への取引価格の按分

ステップ3で決定した取引価格を，ステップ2で識別した履行義務に配分する。取引価格を独立販売価格の比率に基づき，商品やサービスに配分する。

ステップ5
履行義務の充足による収益の認識

商品やサービスの顧客への移転に応じて，履行義務を充足した時，または充足するにつれて収益を認識する。

| 設例4-7 | 他社ポイントの付与 |

[取引の内容]

顧客の利便性向上，顧客層拡大等の観点から，自社ポイントプログラムのみならず，他社が運営するポイント制度に参加するケースがある。

［前提条件］

A社は顧客層拡大の観点から他社であるB社のポイント制度に加入した。

A社は顧客に売価10,000円の商品を現金販売し、B社の100円分のポイントを付与した。

A社の顧客に対して付与されたB社ポイントは、A社に限らず、B社が運営するポイントプログラムに参加する企業において利用できる。

また、それらの企業における商品の購入で獲得されたB社ポイントも、A社で利用できる。

A社は、A社の観点からは、B社ポイントの付与は顧客に重要な権利（収益認識適用指針第48項参照）を提供していないと判断した。

なお、A社はB社ポイントが顧客に対して付与される旨をB社に連絡し、同時にB社ポイントに相当する代金をB社に対して支払う義務を有するのみで、事前に加入企業であるA社がB社のポイントを購入する義務はなく、B社ポイントを支配していないと結論付けた。

※　消費税等は考慮しない。また、商品の売上原価への振替の仕訳は省略する。

［会計処理］

収益認識会計基準導入前では、ポイントの付与について当初売上取引の構成要素としてではなく、顧客への販売促進に資する別個の取引として取り扱う考え方を採用しているケースがあり、それに従えば、収益は当初売上額の総額で認識し、他社ポイントの付与は未払金として負債計上することとなる。

そのため、A社の観点からB社ポイントの付与は顧客に重要な権利を付与しておらず、A社がB社ポイントを支配していないため、契約負債として認識することはできないと考えられる。

財またはサービスの履行義務に係る取引価格の算定にあたっては、他社ポイント分は取引価格から除外し、自社の売上高に計上することはできず、ポイント相当額についてはポイント制度を運営している他社に対する未払金を認識す

る。

　企業がこのようなプログラムに参加しており，他社の代理でポイントを付与している場合，ポイント付与時においては，顧客から受領した対価のうち，他社ポイント部分は他社のために代理で回収した金額であり，売上高として計上することはできないと考えられる。

　ただし，企業が採用しているポイントプログラムにおける企業の取引関係や取引条件等はさまざまであるため，これらを十分に理解して実態に応じた会計処理を検討する必要がある（運営企業のポイント付与に関して加入企業の履行義務がある場合，加入企業が代理人または本人に該当するかの検討が必要となる（後記②参照）。

商品の販売および他社Ｂ社ポイントの付与

〈従来の会計処理〉

| （借）　現　金　預　金 | 10,000 | （貸）　売　　上　　高 | (※1)10,000 |
| （借）　販　売　費　及　び　一　般　管　理　費 | 100 | （貸）　未　　払　　金 | (※1)100 |

（※1）　他社ポイントの付与は当初売上取引の構成要素としてではなく，顧客への販売促進に資する別個の取引として取り扱うことが考えられる。収益は当初売上額の総額で認識し，他社ポイントの付与は未払金として負債計上することとなる。

〈収益認識会計基準導入後の会計処理〉

| （借）　現　金　預　金 | 10,000 | （貸）　売　　上　　高 | (※2)9,900 |
| | | 　　　　未　　払　　金 | (※3)100 |

（※2）　取引価格の算定において，第三者のために回収した金額（すなわち10,000円のうち100円）を除外する。
（※3）　第三者のために回収した金額は未払金として計上する。

②　加入企業が代理人に該当する場合

　加入企業が顧客に他社ポイントを付与する場合において，加入企業の約定が，顧客が加入企業から財またはサービスを購入する際に，顧客に他の企業の財ま

たはサービスと交換できるポイントを付与することであり，加入企業が顧客企業に移転する前にそのポイントの支配を獲得していない場合には，加入企業は運営企業のポイントを付与するという約定において代理人として行動しています。

すなわち，加入企業の履行義務は，運営企業が顧客にポイントを付与するのを手配することであり，この履行義務は，ポイントが顧客に付与され，その支配が顧客に移転された時点で充足されると考えられます。

したがって，収益は，顧客が本人である運営企業から将来に財またはサービスを受け取る前の，ポイントの付与時点で，代理人として受け取る手数料である純額で認識されます。

なお，加入企業の約定が，運営企業の財またはサービスと交換できるポイントを付与することであり，加入企業が顧客に移転される前にこのポイントの支配を獲得している場合には，加入企業はポイントの付与において本人として行動していると考えられます。

その場合，ポイントの支配が顧客に移転された時点で，収益が総額で認識されることになります。

加入企業が代理人に該当する場合の会計処理については，設例4−8をご参照ください。

設例4−8　加入企業が代理人に該当する場合の会計処理

[前提条件]
- 小売企業A社は航空会社B社のマイレージ・プログラムに加盟している。
- 当該プログラムでは，顧客がA社を含めたプログラム加盟企業の商品またはサービスを購入した際に，B社の航空券に交換可能なB社のマイレージ・ポイントが付与される。
- A社は，当該ポイントは無償または値引価格でB社の航空券と交換可能であ

り，顧客に重要な権利を与え，独立した履行義務に該当すると判断する。
- A社は，顧客への移転前にB社のポイントを支配していないことから，自らは当該ポイントの付与において代理人であると判断する。
- ポイントの独立販売価格は1ポイント＝1円と評価された。
- A社は，顧客にポイントを付与する都度，B社に1ポイント当たり0.9円を支払う。
- A社は，顧客が100,000円の商品を購入した際に1,000ポイントを付与した。

[会計処理]（単位：円）

（借）現 金 預 金	100,000	（貸）売 上 高（商 品 販 売）	99,010
		売 上 高（代理人手数料）	90
		未 払 金	900

　A社における履行義務，独立販売価格および取引価格の各履行義務への配分額は以下のとおりである。

履行義務	独立販売価格	配分額
商品	100,000	99,010（＝100,000×100,000÷101,000）
B社ポイント	1,000（＝1×1,000ポイント）	990（＝100,000×1,000÷101,000）
合計	101,000	100,000

- B社ポイントの付与に係るA社の履行義務は，顧客が商品を購入した際に，顧客にB社の航空券と交換できるB社ポイントを付与することであるが，A社は，ポイントを付与する前に当該ポイントを支配していないことから，代理人であると判断している。
- したがって，A社が顧客にB社ポイントを付与した時点で，顧客にB社のポイントを付与するのを手配するという履行義務は充足されたと考えられる。

- そのため，A社は，B社ポイントの付与時点（＝A社商品の販売時点）で，代理人として受け取る手数料である純額，すなわち90円（＝990円－B社への支払額900円（1,000ポイント×0.9円）で収益を認識する。
- 結果として，A社は，商品の販売時点で，合計99,100円（商品99,010円＋ポイントに係る代理人手数料90円）を収益として認識することになる。

⑶　グループ共通ポイントの会計処理

　ポイント制度には，グループ内の各企業での商品やサービスの購入に際して顧客にポイントが付与され，また付与されたポイントはグループ内のどの企業の商品やサービスの購入にも使用できるといったグループ共通ポイントを導入している事例もあります。

　以下では，連結グループ内にポイントの運営企業があり，そのグループ内部で加入企業がポイントを使用する場合における，各社個別財務諸表上の処理と連結財務諸表上の処理について説明します。

　例えば，グループ共通ポイントの運営企業（親会社）と，その子会社（加入企業）の個別財務諸表上の会計処理としては，加入企業は他社である運営企業のポイント制度を利用することとなるため，他社発行ポイントの会計処理と同様となります。

　連結上の処理としては，ポイントの付与および使用に関して運営企業と加入企業の間で発生した債権債務および取引高を相殺消去する必要があると考えられます。

　これらの会計処理については，設例4－9のとおりです。

設例4－9　グループ共通ポイントの付与・使用

[取引の内容]

　グループ内の各企業での商品やサービスの購入に際して顧客にポイントが付

与され，また付与されたポイントはグループ内のどの企業の商品やサービスの購入にも使用できるといったグループ共通ポイントを導入しているケースを想定している。

[前提条件]

　P社はP社ポイントの発行主体として，グループ共通のポイント制度を運営している。P社グループの子会社であるS社から10,000円の商品を購入した顧客に対し，200円分のP社ポイントが付与された（1ポイント＝1円）。付与したポイントは，P社グループの企業から商品を購入するにあたって利用できる。顧客はS社の店舗で，P社ポイントを100ポイント利用して10,000円の商品を購入した。

　S社はP社に対し，付与した1ポイントにつき1円を支払う。反対に，ポイントがS社の店舗で利用された場合には，S社はP社から1ポイントにつき1円を受け取る。

　なお，P社は，ポイントの非行使部分について，将来において重要な権利を得ると見込んでいない。

　※　売上原価の仕訳は省略し，消費税等は考慮しない。

[会計処理]（単位：円）

　連結グループ内のグループ共通ポイントの運営企業（親会社）と，その子会社（加入企業）の個別財務諸表上の会計処理としては，加入企業は他社である運営企業のポイント制度を利用することとなるため，他社発行ポイントの会計処理と同様となる。

　なお，連結上の処理としては運営企業と加入企業の間で発生した債権債務および取引高を相殺消去する必要がある。

1．共通ポイント付与時

〈従来の会計処理〉

P社

（借）	未 収 入 金	200	（貸）	ポイント収入額	^{（※1）}200
（借）	販 売 費 及 び 一 般 管 理 費	200	（貸）	ポイント引当金	200

S社

（借）	現 金 預 金	10,000	（貸）	売 上 高	10,000
	販 売 費 及 び 一 般 管 理 費	200		未 払 金	200

連結消去仕訳

（借）	未 払 金	^{（※2）}200	（貸）	未 収 入 金	^{（※2）}200
	ポイント収入額	200		販 売 費 及 び 一 般 管 理 費	200

（※1）　売上高もしくは営業外収益とすることが考えられる。
（※2）　グループ内の債権債務および取引高を相殺する。

〈収益認識会計基準導入後の会計処理〉

P社

（借）	未 収 入 金	200	（貸）	契 約 負 債	200

S社

（借）	現 金 預 金	10,000	（貸）	売 上 高	9,800
				未 払 金	200

連結消去仕訳

（借）	未 払 金	^{（※1）}200	（貸）	未 収 入 金	^{（※1）}200

（※1）　グループ内の債権債務を相殺する。

２．共通ポイント使用時

〈従来の会計処理〉

P社

| （借）ポイント引当金 | 100 | （貸）未　払　金 | 100 |

S社

| （借）現　金　預　金 | 9,900 | （貸）売　　上　　高 | 10,000 |
| 　　　未　収　入　金 | 100 | | |

連結消去仕訳

| （借）未　　払　　金 | (※1)100 | （貸）未　収　入　金 | (※1)100 |

（※1）　グループ内の債権債務を相殺する。

〈収益認識会計基準導入後の会計処理〉

P社

| （借）契　約　負　債 | 100 | （貸）未　払　金 | 100 |

S社

| （借）現　金　預　金 | 9,900 | （貸）売　　上　　高 | 10,000 |
| 　　　未　収　入　金 | 100 | | |

連結消去仕訳

| （借）未　　払　　金 | (※1)100 | （貸）未　収　入　金 | (※1)100 |

（※1）　グループ内の債権債務を相殺する。

⑷　ポイントの交換に関する会計処理

①　ポイントの交換

　ポイント制度の発展に伴い，他社とポイントを提携しているケースが近年増加しています。

　ポイント提携に関するイメージは，図表4−4のとおりです。

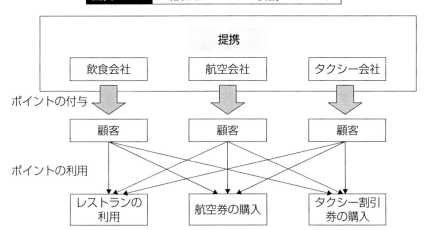

図表 4 － 4　　他社とのポイント提携のイメージ

②　自社ポイントを提携企業のポイントと交換した場合

　企業が顧客に付与したポイントについて，顧客からの申請により，提携企業間で締結した交換比率により，他社のポイントに交換することがあります。

　顧客が自社ポイントを他社ポイントと交換した場合，顧客に将来の財またはサービスを提供するという企業の履行義務は他の企業に移転することとなります。

　この場合，顧客が自社ポイントを他社ポイントと交換したときに履行義務が消滅し，他社に対する負債が計上されることとなります。

　なお，このようなポイント同士の交換取引についても，企業が本人または代理人のいずれに該当するかを検討することが必要と考えられます。

③　複数の単価の設定

　ポイント制度の発展，多様化に伴い，ポイントの使用方法も複数パターンが存在し，各使用パターンによって単価が異なる場合も想定されます。

　例えば，航空会社のポイント制度については，マイルを航空券と交換する場合が多いと考えられますが，航空券以外の商品，提携先の商品やサービス，電

子マネー等と交換できる場合もあり，購入商品・サービスごとに交換単価が異なることがあります。

このように，単純に自社商品との交換が行われるケース以外にも，ポイント提携先である他社との交換・相互利用するケース，自社商品でも交換する商品・サービスによって交換比率が著しく異なるケースが想定され，会計上も留意することが必要になります。

実務上は，各使用パターンの加重平均単価を算定し，1ポイント当たりの単価として採用しているケースも存在します。

複数の単価の設定例は図表4－5のとおりです。

図表4－5　複数の単価の設定例

使用方法	①利用見込率	②1ポイント当たりの単価（円）	①×②加重平均単価
自社商品（航空会社航空券）との交換	40%	1	0.4
自社サービスとの交換	20%	0.8	0.16
他社A電子マネーとの交換	10%	※1.5	0.15
他社B商品との交換	30%	※2	0.6
合　　計			1.31

※　提携先と精算単価をあらかじめ契約等で合意することが想定される。

④　ポイントの交換に関する設例

ポイントの交換については，ポイント制度の設計によりさまざまな会計処理が考えられますが，顧客からの申請によって自社ポイントを他社のポイントと交換した場合，顧客に対して将来の財またはサービスを提供するという自社の履行義務は他の企業に移転することになります。

ポイントの交換の会計処理例は設例4－10のとおりです。

設例4 −10 ポイントの交換

［前提条件］

① A社およびB社はポイント提携に際し，A社ポイントとB社ポイントを1：1で交換する契約を締結している。

② A社は顧客からの申請により，A社ポイント100をB社ポイント100と交換した。

［会計処理］（単位：円）

〈A社〉

（借）契 約 負 債	100	（貸）未 払 金	(※1)100

（※1） A社は，B社ポイントとの交換により，B社に対してポイント相当額を支払う義務が生じるため，未払金を計上するとともに，交換ポイントに対応する契約負債を取り崩す。

〈B社〉

（借）未 収 入 金	100	（貸）契 約 負 債	(※2)100

（※2） B社は，A社ポイントとの交換により，A社からポイント相当額を受け取る権利が生じるため，未収入金を計上するとともに，交換ポイントに対応する契約負債を計上する。

　本章で詳述したように，収益認識会計基準が導入されることにより，すべてのケースで会計処理が変更となるわけではありません。

　特に近年では，顧客の利便性の向上や顧客層を拡大すること等を目的として自社ポイントプログラムのみならず，他社が運営するポイントプログラムに参加するケースが増加するなど，さまざまな種類のポイント制度が存在します。

　したがって，ポイント制度の内容を十分に理解し，契約内容や取引の実態を十分に検討して収益認識会計基準の影響を判断する必要があります。

設例No.	ポイントの種類	取引パターン
4-2	自社ポイント	自社ポイント（購入ポイント）の付与
4-3		自社ポイント（ボーナスポイント）の付与
4-4		自社ポイント（アクションポイント）の付与
4-5		チラシに掲載されている割引券，街頭で不特定多数に配布するクーポン券等の発行（利用）
4-6		自社発行ポイントと提携企業のポイント交換
4-7	他社ポイント	他社ポイントの付与
4-8		加入企業が代理人に該当する場合の会計処理
4-9	共通ポイント	グループ共通ポイントの付与・使用
4-10		ポイントの交換

第**5**章

ポイント制度の税務

1 従来の税務上の取扱い

(1) 法人税法上の取扱いの概要

　法人税の所得の金額の計算上で益金の額に算入すべき金額は，会計上の収益をもとに一定の税務調整を行い計算されます。法人の各事業年度の所得の金額の計算については，法人税法第22条に規定されています。その第22条第4項において，収益の額を「一般に公正妥当と認められる会計処理の基準」に従った会計処理を行っている場合には，法人税法上もその処理を認めるとあります。ただし，具体的な取扱いは法人税基本通達で規定されています。

（法人税法第22条）
第22条　内国法人の各事業年度の所得の金額は，当該事業年度の益金の額から当該事業年度の損金の額を控除した金額とする。
2　内国法人の各事業年度の所得の金額の計算上当該事業年度の益金の額に算入すべき金額は，別段の定めがあるものを除き，資産の販売，有償又は無償による資産の譲渡又は役務の提供，無償による資産の譲受けその他の取引で資本等取引以外のものに係る当該事業年度の収益の額とする。
3　（省略）
4　第2項に規定する当該事業年度の収益の額及び前項各号に掲げる額は，一般に公正妥当と認められる会計処理の基準に従って計算されるものとする。

> 5 （省略）

⑵　法人税基本通達の具体的な取扱い

①　金品引換券付販売に要する費用の損金計上時期の原則

　法人税法上，ポイント制度は金品引換券付販売に該当すると考えられます。

　ポイント制度における法人税法上の損金計上時期は，法人税基本通達 9 － 7 － 2 「金品引換券付販売に要する費用」で規定されており，原則として，金品引換券（ポイント）を発行した時点では損金計上は認められず，金品と引き換えた日の属する事業年度の損金となります。

　収益認識会計基準適用前の日本基準における会計処理では，ポイントを発行した際には，期末の未使用ポイント残高について実績率等を勘案して将来のポイント使用額を見積り，その見積額をポイント引当金として計上しているケースが多いと考えられます。

　一方で，税務上はそのポイント引当金を確定債務として認めていません。

　したがって，法人税法上のポイント引当金の取扱いとしては，ポイント発行時のポイント引当金繰入額は損金とはならず加算処理となり，ポイント使用時のポイント引当金戻入額は益金とはならず減算処理となります。

> （金品引換券付販売に要する費用）
> 9 － 7 － 2 　法人が商品等の金品引換券付販売により金品引換券と引換えに金銭又は物品を交付することとしている場合（2 － 1 － 1 の 7 又は 2 － 1 － 1 の16の適用を受ける場合を除く。）には，その金銭又は物品の代価に相当する額は，その引き換えた日の属する事業年度の損金の額に算入する。

②　金品引換費用の未払金

(i)　未払金の損金計上

　上記の「金品引換券付販売に要する費用の損金計上時期」の特例として，一定の場合にはポイントを確定債務とみなし，ポイント付与時に損金計上が認め

られるケースがあります。

　具体的には，(a)ポイントが販売価額・数量に応じて点数等で表示され，かつ，(b)1枚または1点の呈示でも引換えが認められるものについてはその発行したポイントを確定債務（未払金）として，その発行した日の属する事業年度の損金の額に算入することができるというものです。

　ただし，一定のポイント数に達しなければ商品や金券と交換できない場合には，そのポイントは確定債務とは認められず，原則どおり発行した日の属する事業年度の損金の額には算入されません（法基通9－7－3）。

> （金品引換費用の未払金の計上）
> 9－7－3　法人が商品等の金品引換券付販売をした場合において，その金品引換券が販売価額又は販売数量に応ずる点数等で表示されており，かつ，たとえ1枚の呈示があっても金銭又は物品と引き換えることとしているものであるとき（2－1－1の7又は2－1－1の16の適用を受ける場合を除く。）は，9－7－2にかかわらず，次の算式により計算した金額をその販売の日の属する事業年度において損金経理により未払金に計上することができる。
> （算式）
> 1枚又は1点について交付する金銭の額×その事業年度において発行した枚数又は点数
> （注）
> 1　算式中「1枚又は1点について交付する金銭の額」は，物品だけの引換えをすることとしている場合には，1枚又は1点について交付する物品の購入単価（2以上の物品のうちその1つを選択することができることとしている場合には，その最低購入単価）による。
> 2　算式中「その事業年度において発行した枚数又は点数」には，その事業年度において発行した枚数又は点数のうち，その事業年度終了の日までに引換えの済んだもの及び引換期間の終了したものは含まない。

(ii)　損金計上した未払金の益金算入

　(i)で確定債務として損金計上された未払金の金額は，原則としてその翌事業年度の益金の額に算入します。ただし，引換期間が終了していないものについては，翌事業年度ではなく引換期間の終了日の属する事業年度の益金の額に算

入します（法基通9－7－4）。

> （金品引換費用の未払金の益金算入）
> 9－7－4　9－7－3により損金の額に算入した未払金の額は，その翌事業年度の益金の額に算入する。ただし，引換期間の定めのあるものでその期間が終了していないものの未払金の額は，その引換期間の末日の属する事業年度の益金の額に算入する。

　ただし，ポイントの未払金の計上を行う場合には，その計上を行う事業年度の確定申告書に「未払金の額の計算の基礎」と「金品引換券の引換条件等に関する事項」を記載した明細書を添付して，税務署等に提出しなければなりません（法基通9－7－5）。

(3)　消費税法上の取扱いの概要

①　ポイント制度の資産区分

　消費税法上のポイント制度において，ポイントは「支払手段」または「物品切手等」に準ずるものとして取り扱われることが多いと考えられます。

　「支払手段」とは銀行券，政府紙幣，小額紙幣，硬貨，小切手，約束手形などであり，「支払手段」を譲渡した場合には非課税取引として取り扱われます。

　ただし，貨幣・コインのコレクションなどといった「支払手段」を収集品として譲渡する場合は非課税取引には該当しません。

　「物品切手等」については消費税施行令第11条に規定されており，商品券，プリペイドカードなどがこれに該当します。

> （物品切手に類するものの範囲）
> 第11条　法別表第一第4号ハに規定する政令で定めるものは，役務の提供又は物品の貸付けに係る請求権を表彰する証書及び資金決済に関する法律第3条第1項（定義）に規定する前払式支払手段に該当する同項各号に規定する番号，記号その他の符号とする。

②　消費税法上のポイント制度の取扱い

ポイント制度の消費税法上の一般的な取扱いを取引ごとに分けると，以下のようになると考えられます。

(a)　ポイントの発生・発行・付与した場合

⇒無償の取引として不課税取引になると考えられます。

(b)　ポイントを売買等した場合

⇒「支払手段」等に準ずるものとして，非課税取引になると考えられます。

(c)　ポイントを景品・商品券・電子マネー等に交換した場合

⇒対価の返還等として消費税額から差し引かれると考えられます。

ただし，その商品券・電子マネーを利用した場合には対価の返還等として消費税額から差し引かれると考えられます。

(d)　ポイントを値引・割引に利用した場合

⇒対価の返還等として消費税額から差し引かれると考えられます。

---

③　自社ポイントを利用した場合の消費税法上の取扱い

消費税は原則として1つの取引ごとに課税単位を認識し，法人税は経済的利益が及ぶ期間に応じて課税単位を認識するという点で大きく異なります。

商品の販売等を行い，自社ポイントを付与した場合には，その資産の譲渡に係る対価の額が消費税法上，課税売上げになります。その際，ポイント付与相当額は不課税取引として課税関係は生じません。

その後，そのポイントを使用し商品の販売等が行われた場合には，資産の譲渡に係る対価の額が消費税法上，課税売上げになります。その際，ポイント使用相当額については「値引き」に該当するとし，対価の返還等として消費税額から差し引かれます。

⑷ ポイント引当金の税務上の具体例

ポイントについてポイント引当金を計上した場合の税務上の具体的な取扱い
は設例5－1のとおりです。

設例5－1 ポイント引当金の税務上の取扱い

［前提条件］

- A社は多店舗展開をしている小売企業であり，ポイント制度を採用している。
ポイント制度の内容はA社の商品を顧客が10円分（税抜）購入するごとに1
ポイントを顧客に付与するというものである。顧客は1ポイントをA社の1
円の商品と交換もしくは商品から1円の値引きを受けることができる（1ポ
イント＝1円）。
ただし，ポイント使用分についてポイントは付与されない。

- A社がポイント引当金の計上にあたって採用するポイント制度の過去の失効
率は10％であった。1ポイント当たりの単価の見積りは売価ベースを採用し，
A社はポイントに係る損益計上区分として「販売費及び一般管理費」に計上
する会計方針を採用している。

- X1年度中に，顧客はA社の商品11,000円（税込）を現金で購入し，将来の
A社の商品購入に利用できる1,000ポイント（＝10,000円÷10円×1ポイン
ト）を獲得した。

- 商品の売上原価は考慮しない。なお，消費税率は10％とする。

［会計処理］（単位：円）

〈X1年度〉

| (借) 現 金 預 金 | 11,000 | (貸) 売 上 高 | (※1)10,000 |
| | | (貸) 仮 受 消 費 税 | (※1)1,000 |

(※1) 11,000円×100/(100＋10)＝10,000（商品本体）

11,000円×10/(100＋10)＝1,000（消費税）

（借）　ポイント引当金繰入	(※2)900	（貸）　ポイント引当金	(※2)900

（※2）　将来に使用されると見込まれるポイント900（未使用ポイント1,000×（1－失効率10%））

将来に使用されると見込まれるポイント900×1ポイント当たりの単価1円＝900円

［法人税法上の取扱い］

売上高10,000円は益金

ポイント引当金繰入額900円は損金不算入（加算調整）

［消費税法上の取扱い］

課税売上高は10,000円

ポイント引当金繰入額900円は不課税取引のため課税仕入れにならない

2 ┃ 2018年法人税法改正の概要

(1)　法人税法の改正について

①　収益認識会計基準の導入に伴う改正の概要

　1(1)に記載したとおり，法人税法において益金の額に算入すべき金額は，別段の定めがあるものを除き，資産の販売等に係るその事業年度の収益の額とされます。

　また，その収益の額は一般に公正妥当と認められる会計処理の基準に従って計算されるものとされ，法人税基本通達等において具体的な収益の計上時期の定めが規定されています。

　2018年度税制改正において，収益認識会計基準が導入されることを踏まえ，資産の販売等に係る収益に関する規定の改正が行われています。

　収益認識会計基準は企業会計原則に優先して適用される会計基準としての位置付けがなされ，履行義務という新たな概念をベースとした収益の計上単位，計上時期および計上額を認識する会計処理が行われています。

　法人税法でも収益認識会計基準に対応するため，収益の計上単位，計上時期および計上額について履行義務という新たな概念を盛り込んだ形での改正となっています。

②　法人税法第22条の2の新設

　法人税法第22条は各事業年度の所得の金額を計算する際の通則規定として，益金の額に算入すべき金額や損金の額に算入すべき金額に関する一般原則が定められるとともに，これらの金額は一般に公正妥当と認められる会計処理の基準に従って計算することが規定されています。

　新設された法人税法第22条の2は，第1項から第3項に益金の額に算入すべき収益の計上時期を，第4項と第5項に益金の額に算入すべき収益の金額，そして第6項に現物配当を行った場合の収益の額が規定されています。

　益金の額について両条文に規定が存在しますが，法人税法第22条と法人税法第22条の2の規定が重複する場合，法人税法第22条の2の規定が優先適用されます。

　益金の額に算入すべき収益の計上時期は，一般に公正妥当と認められる会計処理の基準に従って引渡日または近接日に収益計上した場合には基本的に法人税法においても認められる結果になります。

　法人税法における収益の計上時期は，図表5-1のとおりです。

図表5-1　法人税法における収益の計上時期

会計処理における収益認識日	法人税法での取扱い
引渡日	原則的な取扱いであり益金に算入される。
近接日	会計処理が適切な場合は益金に算入される。

それ以外の日	申告調整により引渡日に計上するのが原則。 または近接日に申告調整した場合も認められる。

　収益として計上すべき金額については，法人税法において貸倒見込みと買戻見込みについては考慮せず，収益計上することが規定されています。

　なお，収益認識会計基準においては変動対価として見積金額分が収益から控除されますが，法人税法においては認容されないことが明確化されています（法人税法第22条の2第5項）。

（法人税法22条より抜粋）
第22条　内国法人の各事業年度の所得の金額は，当該事業年度の益金の額から当該事業年度の損金の額を控除した金額とする。
2　内国法人の各事業年度の所得の金額の計算上当該事業年度の益金の額に算入すべき金額は，別段の定めがあるものを除き，資産の販売，有償又は無償による資産の譲渡又は役務の提供，無償による資産の譲受けその他の取引で資本等取引以外のものに係る当該事業年度の収益の額とする。
（法人税法第22条の2より抜粋）
第22条の2　内国法人の資産の販売若しくは譲渡又は役務の提供（以下この条において「資産の販売等」という。）に係る収益の額は，別段の定め（前条第4項を除く。）があるものを除き，その資産の販売等に係る目的物の引渡し又は役務の提供の日の属する事業年度の所得の金額の計算上，益金の額に算入する。
2　内国法人が，資産の販売等に係る収益の額につき一般に公正妥当と認められる会計処理の基準に従って当該資産の販売等に係る契約の効力が生ずる日その他の前項に規定する日に近接する日の属する事業年度の確定した決算において収益として経理した場合には，同項の規定にかかわらず，当該資産の販売等に係る収益の額は，別段の定め（前条第4項を除く。）があるものを除き，当該事業年度の所得の金額の計算上，益金の額に算入する。
3　内国法人が資産の販売等を行った場合（当該資産の販売等に係る収益の額につき一般に公正妥当と認められる会計処理の基準に従って第1項に規定する日又は前項に規定する近接する日の属する事業年度の確定した決算において収益として経理した場合を除く。）において，当該資産の販売等に係る同項に規定する近接する日の属する事業年度の確定申告書に当該資産の販売等に係る収益の額の益金算入に関する申告の記載があるときは，その額につき当該事業年度の確定した決算において収益として経理したものとみなして，同項の規定を適用する。

4 　内国法人の各事業年度の資産の販売等に係る収益の額として第1項又は第2項の規定により当該事業年度の所得の金額の計算上益金の額に算入する金額は，別段の定め（前条第4項を除く。）があるものを除き，その販売若しくは譲渡をした資産の引渡しの時における価額又はその提供をした役務につき通常得るべき対価の額に相当する金額とする。

5 　前項の引渡しの時における価額又は通常得るべき対価の額は，同項の資産の販売等につき次に掲げる事実が生ずる可能性がある場合においても，その可能性がないものとした場合における価額とする。

一 　当該資産の販売等の対価の額に係る金銭債権の貸倒れ

二 　当該資産の販売等（資産の販売又は譲渡に限る。）に係る資産の買戻し

6 　前各項及び前条第2項の場合には，無償による資産の譲渡に係る収益の額は，金銭以外の資産による利益又は剰余金の分配及び残余財産の分配又は引渡しその他これらに類する行為としての資産の譲渡に係る収益の額を含むものとする。

(2) 　法人税基本通達の改正について

① 　改正の基本方針

収益認識会計基準が導入されることを踏まえ，法人税法においても，益金認識の処理基準である基本通達も改正が行われました。

改正の基本方針としては，「履行義務」という新しい概念を盛り込んだ収益認識会計基準に沿ったものです。

収益認識会計基準の履行義務の充足により収益を認識するという考え方は，法人税法第22条の2第4項において明確化された「…資産の販売等に係る収益の額として…益金の額に算入する金額は…，その販売又は譲渡をした資産の引渡しの時における価額又はその提供した役務につき通常得るべき対価の額に相当する金額とする」という考え方に反するものではないとされています。

一方で，法人税法においては，収益認識会計基準で過度に保守的な取扱いや恣意的な見積りが行われる場合には，公平に課税所得を計算する観点から，法人税法独自の取扱いを定めています。

また，中小企業においては従前どおりの企業会計原則による会計処理を認めていることから，法人税法においても従前の取扱いを認容しています。

②　法人税基本通達２－１－１の７「ポイント等を付与した場合の収益の計上の単位」

　収益認識会計基準においては，顧客との契約において既存契約に加えて追加の財またはサービスを取得するオプションを顧客に提供する場合には，当該オプションが当該契約を締結しなければ顧客が受け取れない重要な権利を顧客に提供するときにのみ当該オプションから履行義務が生じることとされています（収益認識適用指針第48項）。

　法人税法においては，法人が資産の販売等に伴い自己発行ポイント等を特定多数に付与する場合において，４つの要件を満たすときは，継続適用を条件として自己発行ポイントについて既存契約である資産の販売等とは別の取引に係る収入の一部または全部の前受けとして収益を繰り延べることが可能とされ，収益認識会計基準における処理と整合が図られています。

　要件のうち重要なことは「１ポイントまたは１枚のクーポンの呈示があっても値引き等をすることとされていること」になっているかです。

　ただし，この要件を満たしていなくても，そのポイント制度が１ポイントまたは１枚のクーポンの呈示があっても値引き等をする他社ポイントまたは自社の他のポイントと所定の交換比率により交換できることとされていれば要件を満たすことになります（詳細は本章「3⑴　自己発行ポイントの税務」をご参照ください）。

（ポイント等を付与した場合の収益の計上の単位）より抜粋
２－１－１の７　法人が資産の販売等に伴いいわゆるポイント又はクーポンその他これらに類するもの（以下２－１－１の７において「ポイント等」という。）で，将来の資産の販売等に際して，相手方からの呈示があった場合には，その呈示のあった単位数等と交換に，その将来の資産の販売等に係る資産又は役務について，値引きして，又は無償により，販売若しくは譲渡又は提供をすることとなるもの（当該法人以外の者が運営するものを除く。以下２－１－１の７及び２－１－39の３において「自己発行ポイント等」という。）を相手方に付与する場合（不特定多数の者に付与する場合に限る。）において，次に掲げる要件の全てに該当するときは，継続適用を条件として，当該自己発行ポイント等について当初の資産の販売等（以下２－１－１の７において「当初資産の販

売等」という。）とは別の取引に係る収入の一部又は全部の前受けとすることができる。

(1) その付与した自己発行ポイント等が当初資産の販売等の契約を締結しなければ相手方が受け取れない重要な権利を与えるものであること。

(2) その付与した自己発行ポイント等が発行年度ごとに区分して管理されていること。

(3) 法人がその付与した自己発行ポイント等に関する権利につきその有効期限を経過したこと，規約その他の契約で定める違反事項に相手方が抵触したことその他の当該法人の責に帰さないやむを得ない事情があること以外の理由により一方的に失わせることができないことが規約その他の契約において明らかにされていること。

(4) 次のいずれかの要件を満たすこと。

イ その付与した自己発行ポイント等の呈示があった場合に値引き等をする金額（以下2−1−1の7において「ポイント等相当額」という。）が明らかにされており，かつ，将来の資産の販売等に際して，たとえ1ポイント又は1枚のクーポンの呈示があっても値引き等をすることとされていること。

(注) 一定単位数等に達しないと値引き等の対象にならないもの，割引券（将来の資産の販売等の対価の額の一定割合を割り引くことを約する証票をいう。）及びいわゆるスタンプカードのようなものは上記イの要件を満たす自己発行ポイント等には該当しない。

ロ その付与した自己発行ポイント等が当該法人以外の者が運営するポイント等又は自ら運営する他の自己発行ポイント等で，イに該当するものと所定の交換比率により交換できることとされていること。

3 収益認識会計基準導入後の税務処理

(1) 自己発行ポイントの税務

① 法人税法上の自己発行ポイントについて

(i) 自己発行ポイント制度

収益認識会計基準では，商品やサービスの提供に付随して付与するポイントや値引券は，追加的な財またはサービスを無料または値引価格で取得できる顧

客のオプションとして取り扱われます。

　顧客との契約において，既存の契約に加えて追加の財またはサービスを取得するオプションを顧客に付与する場合には，そのオプションが契約を締結しなければ顧客が受け取れない重要な権利を顧客に提供するときにのみオプションから履行義務が生じます。

　この場合には，将来の財またはサービスが移転する時，あるいは当該ポイントが消滅する時に収益を認識します。

　重要な権利を顧客に提供する場合とは，例えば，追加の財またはサービスを取得するオプションにより，顧客が属する地域や市場における通常の値引きの範囲を超える値引きを顧客に提供する場合をいいます（収益認識適用指針第48項）。

(ii)　収益認識会計基準と法人税法における自己発行ポイントの定義の違い

　収益認識会計基準では，自己発行のポイントを「契約負債として認識する取扱い」と「引当金による取扱い」に分類しています。

　法人税法でもこの2つに分けて取扱いが異なってきます。まずは，契約負債として認識する自己発行ポイントについて説明します。

　本章「2(2)　法人税基本通達の改正について」で記載したとおり，法人税法においては，2018年度税制改正により法人税基本通達2－1－1の7「ポイント等を付与した場合の収益の計上の単位」において，収益認識会計基準に対応した通達が設けられました。

　その内容は，以下の要件をすべて満たし，継続適用を条件として，自己発行ポイントの付与を資産の販売等とは別の履行義務として認識し，将来の取引に係る収入として前受けとする処理が容認されることが明らかとなっています。

> (a)　その付与した自己発行ポイント等が当初の資産の販売等の契約を締結
> 　　しなければ相手方が受け取れない重要な権利を与えるものであること
> (b)　その付与した自己発行ポイント等が発行年度ごとに区分して管理され

ていること

(c)　法人がその付与した自己発行ポイント等に関する権利につきその有効期限を経過したこと，規約その他の契約で定める違反事項に相手方が抵触したこと，その他の当該法人の責に帰さないやむを得ない事情があること以外の理由により一方的に失わせることができないことが規約その他の契約において明らかにされていること

(d)　以下のいずれかの要件を満たすこと

　イ．その付与した自己発行ポイント等の呈示があった場合に値引き等をする金額が明らかにされており，かつ，将来の資産の販売等に際して，たとえ1ポイントまたは1枚のクーポンの呈示があっても値引き等をすることとされている

　ロ．その付与した自己発行ポイント等が当該法人以外の者が運営するポイント等または自ら運営する他の自己発行ポイント等で，イに該当するものと所定の交換比率により交換できることとされていること

　上記(a)の要件は，収益認識会計基準を適用し，ポイントを独立した履行義務として識別するための要件であり，問題ないと考えられます。

　(b)の要件は発行年度ごとに区分して管理しているという管理面の要件ですが，通常会計処理を行う上で，すでにポイント管理は年度ごとに区分されて行われていることが想定されるため，特段追加の対応は不要と考えられます。

　(c)の要件はポイントの権利を会社側が一方的に失わせることができないということを示しており，通常は自己発行ポイント制度を運営している会社において規約等で定められていることが想定されます。その規約等から明らかであれば問題ないと考えられます。

　(d)の要件については，将来値引きする金額を測定できることが要件となっており，一定単位数等に達しないと値引き等の対象にならないもの，割引券（将来の資産の販売等の対価の額の一定割合を割り引くことを約する証票をいいます）およびいわゆるスタンプカードのようなものは，要件を満たす自己発行ポ

イント等には該当しません。その場合には前受処理は認められません。

　(d)の要件を一部満たさないポイント制度についてまとめると，図表5－2のようになります。

図表5－2	要件を一部満たさないポイント制度の例

イ．その付与した自己発行ポイント等の呈示があった場合に値引き等をする金額が明らかにされており，かつ，将来の資産の販売等に際して，たとえ1ポイントまたは1枚のクーポンの呈示があっても値引き等をすることとされている	
ポイント使用例	要件判定
1ポイント＝10円として利用可能	○
10ポイントから使用可能 （9ポイント＝90円として利用不可） ※　スタンプカードは，一定単位数に達するまで重要な権利が生じないため，イの要件を満たさない	×
10％割引券 （将来値引きする金額が明らかでない）	×

ロ．その付与した自己発行ポイント等が当該法人以外の者が運営するポイント等または自ら運営する他の自己発行ポイント等で，イに該当するものと所定の交換比率により交換できることとされていること	
ポイント使用例	要件判定
自社ポイント100ポイントと他社ポイント100ポイント単位で 交換可能 ＋ 他社ポイントは1ポイントから利用可能	○

　上記のとおり，ポイント制度の内容によっては，収益認識会計基準と法人税法の間に差異が生じる可能性があり，税務上の要件を満たすためにポイント制度の内容を変更するかどうかを検討することが考えられます。

②　ポイント等を付与した場合の収益の計上単位 ── 法人税法上の取扱い

　法人税法上は，自己発行ポイント等を付与した場合の収益の計上単位については，前述のとおり法人税基本通達２－１－１の７に一定の要件のもとに収益認識会計基準と同様の前受処理を認めています。

　また，収益認識会計基準の導入に伴い，法人税法の改正が行われましたが，消費税法の改正は行われていません。

　したがって，収益認識会計基準による会計処理の収益計上額，法人税法における益金の額に算入する金額，消費税法における課税資産の譲渡等の対価の額がそれぞれ異なることがあります。

　なお，自己発行ポイントの付与については，会計および法人税法と消費税法における収益の計上額および認識時期が異なることから，第４章「２⑴　自社ポイントの会計処理」で記載した設例４－２「自社ポイント（購入ポイント）の付与」について，会計，法人税法および消費税法で比較すると図表５－３のとおりとなります。なお，消費税率は10%を前提としています。

図表５－３　自己発行ポイントに関する会計・法人税法・消費税法の処理

商品の販売時				
会計	（借）　現金及び預金 11,000	（貸）	売上高 契約負債 仮受消費税	9,906 94 1,000
法人税法上の取扱い	同上			
消費税法上の取扱い	課税売上げの対価 課税売上げに係る消費税額			10,000 1,000
ポイント使用時				
会計	（借）　契約負債　　　　79	（貸）	売上高	79
法人税法上の取扱い	同上			

消費税法上の取扱い	課税売上げの対価	80
		税額　　　8
	対価の返還等（ポイント分）	△ 80
		税額　△　8
	差引消費税額（8 − 8）	0
ポイント失効時		
会計	（借）　契約負債　　　15　（貸）　売上高	15
法人税法上の取扱い	同上	
消費税法上の取扱い	課税売上げの対価	0
	課税売上げに係る消費税額	0

③　引当金として取り扱う自己発行ポイント —— 法人税法上の取扱い

次に引当金による取扱いについて説明します。

法人税法における取扱いは法人税基本通達 9 − 7 − 2 において，金品引換券付販売に要する費用が規定されており，ポイントを付与した時点では損金として認められないため加算調整が必要となり，ポイントを行使した時点で損金として認められるため減算調整することとなります。

ただし，ポイント付与時に，金品引換券（ポイント）が販売価額または販売数量に応ずる点数等で表示されており，かつ，たとえ 1 枚の呈示があっても金銭または物品と引き換えることとしているものであるときには，損金経理により未払金の計上が認められています。

④　自己発行ポイント等の付与に係る収益の帰属時期

2018年度税制改正により，自己発行ポイント等の付与に係る収益の帰属時期については，基本通達が新設され，収益認識会計基準に規定される，顧客により行使されない権利（非行使部分）の会計処理と歩調をあわせています（法基通 2 − 1 −39の 3 ）。

自己発行ポイントについては，原則，付与の日から10年を経過した場合には，

非行使部分のポイントについて一括で益金算入することが規定されています。

　ただし，収益認識会計基準に規定される，顧客により行使されない権利（非行使部分）の会計処理（収益認識適用指針第52項から第56項）と歩調をあわせ，10年経過前に次の事実（下記３項目）が生じた日に行使されずに前受金として残っている部分（非行使部分）はその事業年度末の益金に算入することが規定されています。

⑴　法人が付与した自己発行ポイント等をその付与に係る事業年度ごとに区分して管理しないこと，または管理しなくなったこと。

⑵　その自己発行ポイント等の有効期限が到来すること。

⑶　法人が継続して収益計上を行うこととしている基準に達したこと。

（自己発行ポイント等の付与に係る収益の帰属の時期）

２－１－39の３　法人が２－１－１の７の取扱いを適用する場合には，前受けとした額は，将来の資産の販売等に際して値引き等（自己発行ポイント等に係る将来の資産の販売等を他の者が行うこととなっている場合における当該自己発行ポイント等と引換えにする金銭の支払を含む。以下２－１－39の３において同じ。）をするに応じて，その失効をすると見積もられる自己発行ポイント等も勘案して，その値引き等をする日の属する事業年度の益金の額に算入するのであるが，その自己発行ポイント等の付与の日（適格組織再編成により当該自己発行ポイント等に係る契約の移転を受けたものである場合にあっては，当該移転をした法人が当該自己発行ポイント等を付与した日）から10年が経過した日（同日前に次に掲げる事実が生じた場合には，当該事実が生じた日）の属する事業年度終了の時において行使されずに未計上となっている自己発行ポイント等がある場合には，当該自己発行ポイント等に係る前受けの額を当該事業年度の益金の額に算入する。

⑴　法人が付与した自己発行ポイント等をその付与に係る事業年度ごとに区分して管理しないこと又は管理しなくなったこと。

⑵　その自己発行ポイント等の有効期限が到来すること。

⑶　法人が継続して収益計上を行うこととしている基準に達したこと。

（注）

１　本文の失効をすると見積もられる自己発行ポイント等の勘案を行う場合には，過去における失効の実績を基礎とする等合理的な方法により見積もられ

たものであること及びその算定の根拠となる書類が保存されていることを要する。

2　例えば，付与日から一定年数が経過したこと，自己発行ポイント等の付与総数に占める未行使の数の割合が一定割合になったことその他の合理的に定められた基準のうち法人が予め定めたもの（会計処理方針その他のものによって明らかとなっているものに限る。）が上記(3)の基準に該当する。

(2) 他社ポイントの税務

① 他社ポイントを付与した場合の収益の計上単位

法人税法においては，自己発行ポイントの取扱いについては明示されましたが（法基通2－1－1の7），他社が発行したポイントについての取扱いの定めはありません。

他社ポイントを付与したときは，付与したポイント相当額は，運営主体である他社に支払う義務を負うことから確定債務として認識され，「加入法人の運営法人への販売促進費」，そして「運営法人からの役務提供に対する対価」として損金の額に算入することが認められるものと考えられます。

また，消費税法においては，他社ポイントを付与した場合の取扱いを定めたものはなく，消費税の処理についても明確となっていません。

消費税法における課税資産の譲渡等による課税標準額は，課税資産の譲渡等の対価の額であり，他社ポイントを課税資産の譲渡等の対価ととらえる場合には，対価の全額が課税標準となるものと考えられます。

一方，他社ポイント相当額の支払は，「第三者のために回収する額」として代金を代理で回収しているという性質に着目した場合には，消費税とは関係のない，いわゆる不課税取引であると考えられます。

他社ポイントについて，税務上の取扱いを設例5－2にて説明します。

設例 5 − 2　他社ポイントの税務上の取扱い

[前提条件]

① 小売業を営むA社は，第三者であるB社が運営するポイントプログラムに参加している。プログラムの下では，A社は，A社の店舗で商品を購入した顧客に対し，購入時に当該ポイントプログラムのメンバーであることが表明された場合には，購入額100円につきB社ポイントが1ポイント付与される旨を伝達する。同時に，A社は，B社に対してその旨を連絡し，B社はA社の顧客に対してB社ポイントを付与する。その後，A社はB社に対し，1ポイントにつき1円を支払う。

A社の顧客に対して付与されたB社ポイントは，A社に限らず，B社が運営するポイントプログラムに参加する企業において利用できる。また，それらの企業における商品の購入で獲得されたB社ポイントも，A社で利用できる。

A社とB社との間に，上記以外の権利および義務は発生しない。

② A社は，A社の観点からは，B社ポイントの付与は顧客に重要な権利（収益認識適用指針第48項参照）を提供していないと判断した。A社は，B社ポイントが顧客に対して付与される旨をB社に連絡し，同時にB社ポイントに相当する代金をB社に対して支払う義務を有するのみであり，A社はB社ポイントを支配していないと結論付けた。

[会計および税務上の処理]（単位：円）

1．商品の販売時（B社ポイントの付与時）

（A社）

〈会計処理〉

（借）現 金 預 金	11,000	（貸）売 上 高	^(※1)9,900
仮 払 消 費 税	10	仮 受 消 費 税	1,000
		B 社 未 払 金	^(※2)110

（※1）　A社は，顧客に対する商品販売の履行義務に係る取引価格の算定において，第三者であるB社のために回収した金額（すなわち10,000円のうち100円）を除外する（収益認識会計基準第47項）。なお，商品の売上原価への振替の仕訳は省略する。
（※2）　B社に対する未払金を認識する。

〈法人税法上の取扱い〉

売上高9,900円は益金

〈消費税法上の取扱い〉

課税売上高　10,000円

課税仕入　　　100円

(B社)

〈会計処理〉

| （借）Ａ 社 未 収 金 | 110 | （貸）売　　　上　　　高 | 100 |
| | | 仮 受 消 費 税 | 10 |

〈法人税法上の取扱い〉

ポイント売上高100円は益金

〈消費税法上の取扱い〉

課税売上高　100円

2．A社からB社に対するポイント相当額の支払時

(A社)

〈会計処理〉

| （借）Ｂ 社 未 払 金 | 110 | （貸）現 金 預 金 | 110 |

〈法人税法・消費税法〉

ともに課税関係なし

(B社)

〈会計処理〉

| （借）現 金 預 金 | 110 | （貸）Ａ 社 未 収 金 | 110 |

〈法人税法・消費税法〉

　ともに課税関係なし

3．商品の販売時（顧客によるＢ社ポイント行使時）

　A社は，自社の店舗で商品を顧客に現金5,000円（税抜）で販売するととも
に，顧客はＢ社ポイント500ポイントを行使した。

（A社）

〈会計処理〉

| （借）現 金 預 金 | 4,950 | （貸）売 　 上 　 高 | 5,000 |
| Ｂ 社 未 収 金 | 550 | 仮 受 消 費 税 | 500 |

〈法人税法上の取扱い〉

　売上高5,000円は益金

〈消費税法上の取扱い〉

　課税売上高　5,000円[※1]

（※1）　代理人取引として，Ｂ社未収金を控除した顧客からの支払4,950円を課税売上高と
　　　して考える方法もある。

（B社）

〈会計処理〉　　　　　　　　　　　　　　　　　　　　（単位：円）

| （借）ポ イ ン ト 費 用 | 550 | （貸）Ａ 社 未 払 金 | 550 |

〈法人税法上の取扱い〉

　ポイント費用550円は損金

〈消費税法上の取扱い〉

　課税仕入　550円[※1]

（※1）　A社との債権債務の整理と考え不課税取引と考える方法もある。

(3)　ポイントの交換に関する税務

①　ポイント交換時の税法上の取扱い

(ⅰ)　ポイントの交換に係る会計処理の事例

　ポイントの交換を行った場合，それぞれのポイント発行企業における税法上の取扱いについては，取引の具体的内容や会計処理，法律関係等について総合的に勘案し判断することになります。

　そのため，前提となる会計処理を示したうえで，法人税法上の取扱い，消費税法上の取扱いについて解説していきます。

設例 5 − 3　共通ポイント制度を利用する事業者の一般的な処理例

[前提となる制度の概要]

- A社はB社が運営する共通ポイント制度に加入している。
- 顧客は100円（税込）の商品を購入するごとに 1 ポイントが付与される（ 1 ポイント＝ 1 円）。
- A社はポイント付与分の金銭をB社に支払うとともに，ポイント使用分の金銭をB社から受領する。
- A社とB社のポイントに関する取引については，対価性がないこと（消費税不課税）を前提とする。

　なお，ポイント制度の規約等の内容によっては，消費税の課税取引に該当するケースも考えられる。

- 消費税率は10％とする。

[会計および税務上の処理]（単位：円）

1．ポイント付与時

　A社は11,000円（税込）の商品を顧客に販売し，B社から顧客に110ポイントが付与された。

〔A社〕

〈会計処理〉

（借）現 金 預 金	11,000	（貸）売　　上　　高	9,890
		仮 受 消 費 税	1,000
		未　　払　　金	110

〈消費税法上の取扱い〉

　課税売上げの対価　10,000

　課税売上げに係る消費税額　1,000

　※ポイント取引（不課税）　110

２．ポイント使用時

　A社は110円（税込）の商品を顧客に販売し，顧客はB社のポイントを使用して決済した。

〔A社〕

〈会計処理〉

| （借）未 収 入 金 | 110 | （貸）売　　上　　高 | 100 |
| | | 仮 受 消 費 税 | 10 |

〈消費税法上の取扱い〉

　課税売上げの対価　100

　課税売上げに係る消費税額　10

⑷　消費税法における取扱い

①　消費税法における収益計上単位

　収益認識会計基準では収益計上単位を履行義務としており，法人税法においては原則的には個々の契約ごとに収益を計上するが一定の要件に該当する場合には履行義務を収益計上単位にすることができるとされています。

　一方，消費税法においては原則として一取引を課税単位としており，法人税

法と異なり改正は行われていないため，ポイント制度に対する取扱いについて
も差異が生じる結果となります（前記(1)②参照）。

②　消費税法における収益計上時期

　収益認識会計基準では「一定の期間にわたり充足される履行義務」を認識し，
履行義務に係る進捗度を見積り，進捗度に応じた収益を一定の期間にわたり認
識します（収益認識会計基準第38項，第41項）。法人税法では収益認識会計基
準の規定に対応して，役務の提供等について一定期間にわたり収益として計上
できるように改正がなされ，収益認識会計基準との整合がとられています。

　一方で，消費税法においては，従来の取扱いから変更がないため，乖離が生
じる可能性があります。

第6章

収益認識会計基準における開示上の取扱い

1 総　論

(1) 収益認識会計基準等の改正

　2018年3月30日に企業会計基準委員会から公表された収益認識会計基準においては，必要最低限の定め（企業の主要な事業における主な履行義務の内容および企業が当該履行義務を充足する通常の時点（収益を認識する通常の時点））を除き，基本的に注記事項は定めないこととし，会計基準が原則適用される時点（2021年4月1日以後開始する連結会計年度および事業年度の期首）までに，注記事項を検討することとされていました。

　また，収益認識の表示に関する以下の事項についても同様に，収益認識会計基準が原則適用される時点までに検討することとしていました。

- 収益の表示科目
- 収益と金融要素の影響（受取利息または支払利息）の区分表示の要否
- 契約資産と債権の区分表示の要否

　その後，企業会計基準委員会で審議を行った結果，2020年3月31日に収益認識会計基準等が改正されました。

　以下の取扱いについては，改正後の収益認識会計基準および収益認識適用指

針を前提としています。

(2)　表示に関する取扱い

①　顧客との契約から生じる収益の区分表示または注記および表示科目

　顧客との契約から生じる収益の額を，企業の実態に応じて，適切な科目をもって損益計算書に表示するか，注記することとされており（収益認識会計基準第78-2項），顧客との契約から生じる収益は，例えば売上高，売上収益，営業収益等として表示することとされています（収益認識適用指針第104-2項）。

　また，顧客との契約から生じる収益については，それ以外の収益と区分して損益計算書に表示するか，または両者を区分して損益計算書に表示しない場合には，顧客との契約から生じる収益の額を注記することとされています（収益認識会計基準第78-2項）。

　なお，連結財務諸表を作成している場合，個別財務諸表においては，上記の定めを適用しないことができます（収益認識会計基準第80-25項）。

②　契約資産と顧客との契約から生じた債権および契約負債の区分表示または注記の要否

　契約資産と顧客との契約から生じた債権のそれぞれについて，貸借対照表に区分して表示するか，貸借対照表に他の資産と区分して表示しない場合は，それぞれの残高を注記することとされています（収益認識会計基準第79項）。

　また，契約負債を貸借対照表において他の負債と区分して表示しない場合には，契約負債の残高を注記することとされています（収益認識会計基準第79項）。

③　貸借対照表上の表示科目

　契約資産，契約負債または顧客との契約から生じた債権を，企業の実態に応じて，適切な科目をもって貸借対照表に表示するとされていました。

契約資産，契約負債または顧客との契約から生じた債権について，以下の例が挙げられています（収益認識適用指針第104-3項）。

> ・契約資産…契約資産，工事未収入金等
> ・契約負債…契約負債，前受金等
> ・顧客との契約から生じた債権…売掛金，営業債権等

④　顧客との契約に重要な金利要素が含まれる場合の取扱い（収益認識会計基準第78-3項）

顧客との契約に重要な金融要素が含まれる場合，顧客との契約から生じる収益と金融要素の影響（受取利息または支払利息）は，損益計算書において区分して表示することとなります（収益認識会計基準第78-3項）。

なお，当該区分表示に際しては，その表示または注記の方法が定められていないことから，他の金融要素の影響（受取利息または支払利息）と合算して表示すること，また合算して表示した場合において追加の注記をしないことは妨げられないとされています（収益認識会計基準第157項）。

⑤　顧客との契約から生じた債権または契約資産について認識した減損損失の開示

IFRS第15号において要求されている顧客との契約から生じた債権または契約資産について認識した減損損失の開示に関しては，IFRS第9号「金融商品」における金融資産の減損に関する定めと，我が国における貸倒引当金繰入額および貸倒損失額に関する定めが異なっているため，同様の開示を求めることはせず，金融商品会計基準の見直しと合わせて検討することとされています（収益認識会計基準第158項）。

⑶　注記事項

注記事項の基本的な方針は以下のとおりです（収益認識会計基準第101-6

項)。

- 包括的な定めとして，IFRS第15号と同様の開示目的および重要性の定めを含める。
- 原則としてIFRS第15号の注記事項のすべての項目を含める。
- 企業の実態に応じて個々の注記事項の開示の要否を判断することを明確にし，開示目的に照らして重要性に乏しいと考えられる項目については注記しないことができることを明確にする。

---

① 重要な会計方針の注記

顧客との契約から生じる収益に関する重要な会計方針として，以下の項目を注記することとされています（収益認識会計基準第80-2項）。

- 企業の主要な事業における主な履行義務の内容
- 企業が当該履行義務を充足する通常の時点（収益を認識する通常の時点）

ただし，上記に定める項目以外にも，重要な会計方針に含まれると判断した内容については，重要な会計方針として注記することとされています（収益認識会計基準第80-3項）。

② 収益認識に関する注記

収益認識に関する注記について，IFRS第15号と同様の開示目的および重要性の定めが設けられており，開示目的を達成するために必要な注記事項の開示の要否を，企業の実態に応じて企業自身で判断することとされています。

ここで，収益認識に関する注記における開示目的は，「顧客との契約から生じる収益及びキャッシュ・フローの性質，金額，時期及び不確実性を財務諸表利用者が理解できるようにするための十分な情報を企業が開示することである」と定義されています（収益認識会計基準第80-4項）。

　そして，開示目的を達成する観点から，以下の注記項目が示されています（収益認識会計基準第80-5項）。

- 収益の分解情報
- 収益を理解するための基礎となる情報
- 当期および翌期以降の収益の金額を理解するための情報

　上記の注記事項は最低限の注記のチェックリストとして用いられることを意図したものではなく，特定の注記が財務諸表利用者の意思決定に影響を及ぼすか否かについては，契約の類型により異なるとされています（収益認識会計基準第167項）。

　したがって，必要な注記を検討するにあたっては，開示目的に照らして重要性を考慮すべきであると考えられるため，重要性に乏しい情報の注記をしないことができるとされています（収益認識会計基準第80-5項）。

　なお，開示目的に照らして重要性に乏しいと認められるかの判断においては，定量的な要因と定性的な要因の両方を考慮する必要があります。その際に，定量的な要因のみで判断した場合に重要性がないとはいえない場合であっても，開示目的に照らして重要性に乏しいと判断される場合も存在するとされています（収益認識会計基準第168項）。

③　収益認識に関する注記の記載方法等

　我が国においては，個別の会計基準で定める個々の注記事項の区分に従って注記事項の記載がなされていることが多いですが，収益認識に関する注記を記載するにあたっては，改正会計基準で示されている注記事項の区分に従って注記事項を記載する必要はないとされています（収益認識会計基準第169項）。

　ここで，財務諸表利用者の理解が困難となるような体系で収益認識に関する注記が記載されることは想定されず，収益認識に関する注記の開示目的に照らして，企業の収益およびキャッシュ・フローを理解するために適切であると考えられる方法で注記を記載することが考えられます。例えば，収益の分解情報

の区分に関連付けて，履行義務に関する情報等の必要な項目を記載することが考えられるとされています（収益認識会計基準第170項）。

また，重要な会計方針として注記している内容は，収益認識に関する注記として記載しないことができます（収益認識会計基準第80-8項）。

さらに，収益認識に関する注記として記載する内容について，財務諸表における他の注記事項に含めて記載している場合には，当該他の注記事項を参照できるとされています（収益認識会計基準第80-9項）。

④　収益の分解情報

当期に認識した顧客との契約から生じる収益について，収益およびキャッシュ・フローの性質，金額，時期および不確実性に影響を及ぼす主要な要因に基づく区分に分解した情報の注記を求めることとされています（収益認識会計基準第80-10項）。

ここで，収益の分解情報の注記において，収益を分解するための区分の例として，以下のものが挙げられます（収益認識適用指針第106-5項）。

- 財またはサービスの種類（例えば，主要な製品ライン）
- 地理的区分（例えば，国または地域）
- 市場または顧客の種類（例えば，政府と政府以外の顧客）
- 契約の種類（例えば，固定価格と実費精算契約）
- 契約期間（例えば，短期契約と長期契約）
- 財またはサービスの移転の時期（例えば，一時点で顧客に移転される財またはサービスから生じる収益と一定の期間にわたり移転される財またはサービスから生じる収益
- 販売経路（例えば，消費者に直接販売される財と仲介業者を通じて販売される財）

また，セグメント情報等会計基準を適用している場合，収益の分解情報と，セグメント情報等会計基準に従って各報告セグメントについて開示する売上高

との間の関係を財務諸表利用者が理解できるようにするための十分な情報を注記することとされています。

　なお，セグメント情報等会計基準に基づいて開示される売上高に関する情報が，収益認識会計基準における収益の会計処理の定めに基づいており，かつ，収益およびキャッシュ・フローの性質，金額，時期および不確実性に影響を及ぼす主要な要因に基づく区分に分解した情報として十分であると判断される場合には，セグメント情報に追加して収益の分解情報を注記する必要はないものとされています（収益認識適用指針第191項）。

⑤　収益を理解するための基礎となる情報

　顧客との契約が，財務諸表に表示している項目または収益認識に関する注記における他の注記事項とどのように関連しているかを示す基礎となる情報として，以下の事項を注記することとされています（収益認識会計基準第80-12項）。

- 契約および履行義務に関する情報（収益認識会計基準第80-13項から第80-15項）
- 取引価格の算定に関する情報（収益認識会計基準第80-16項）
- 履行義務への配分額の算定に関する情報（収益認識会計基準第80-17項）
- 履行義務の充足時点に関する情報（収益認識会計基準第80-18項）
- 本会計基準の適用における重要な判断（収益認識会計基準第80-19項）

---

⑥　当期および翌期以降の収益の金額を理解するための情報

　当期および翌期以降の収益の金額を理解するための情報として，「契約資産及び契約負債の残高等」および「残存履行義務に配分された取引価格」を注記することを提案しています。

(i)　契約資産および契約負債の残高等

　履行義務の充足とキャッシュ・フローの関係を理解できるよう，以下の事項

116◆

を注記します（収益認識会計基準第80-20項）。

- 顧客との契約から生じた債権，契約資産および契約負債の期首残高および期末残高（区分して表示していない場合）
- 当期に認識した収益の額のうち期首現在の契約負債残高に含まれていた額
- 当期中の契約資産および契約負債の残高の重要な変動がある場合のその内容
- 履行義務の充足の時期が通常の支払時期にどのように関連するのか，ならびにそれらの要因が契約資産および契約負債の残高に与える影響の説明

また，過去の期間に充足（または部分的に充足）した履行義務から，当期に認識した収益（例えば，取引価格の変動）がある場合には，当該金額を注記します。

ここで，契約資産および契約負債の残高の変動の例として，以下のものが挙げられます（収益認識適用指針第106-8項）。

- 企業結合による変動
- 進捗度の見積りの変更，取引価格の見積りの見直し（取引価格に含まれる変動対価の額が制限されるのかどうかの評価の変更を含む）または契約変更等による収益に対する累積的な影響に基づく修正のうち，対応する契約資産または契約負債に影響を与えるもの
- 対価に対する権利が無条件となるまでの通常の期間の変化
- 履行義務が充足されるまでの通常の期間の変化

なお，当期中の契約資産および契約負債の残高の重要な変動を注記するにあたり，必ずしも定量的情報を含める必要はありません。

⑦　残存履行義務に配分した取引価格

　既存の契約から翌期以降に認識することが見込まれる収益の金額および時期について理解できるよう，期末時点で未充足（または部分的に未充足）の履行義務に配分した取引価格の総額を注記します。

　また，上記に従って注記した金額を，企業がいつ収益として認識すると見込んでいるのか，以下のいずれかの方法により注記します（収益認識会計基準第80-21項）。

> ・残存履行義務の残存期間に最も適した期間による定量的情報を使用した
> 　方法
> ・定性的情報を使用した方法

　なお，残存履行義務に配分した取引価格の注記については，IFRS第15号と同様に，当初の予想期間が1年以内の契約の一部である履行義務について，残存履行義務に配分した取引の注記に含めないことが認められています（収益認識会計基準第80-22項）。

　また，開示目的に照らして残存履行義務の注記に含めるか否かを決定するにあたっては，収益の分解情報を区分する単位（分解区分）ごと（複数の分解区分を用いている場合には分解区分の組み合わせ）またはセグメントごとに判断することも考えられ，この場合には残存履行義務の注記に含めた分解区分（分解区分の組み合わせ）またはセグメントを注記することが考えられます（収益認識会計基準205項）。

⑧　工事契約等から損失が見込まれる場合

　工事契約会計基準に関する注記事項は，収益認識会計基準が適用される時に廃止されることとなるため，工事契約会計基準に定める以下の注記を引き継ぐこととされています（収益認識適用指針第106-9項，第193項）。

> ・当期の工事損失引当金繰入額

- 同一の工事契約に関する棚卸資産と工事損失引当金がともに計上されることとなる場合には，以下の(a)または(b)のいずれかの額（該当する工事契約が複数存在する場合には，その合計額）
  - (a) 棚卸資産と工事損失引当金を相殺せずに両建てで表示した場合
    その旨および当該棚卸資産の額のうち工事損失引当金に対応する額
  - (b) 棚卸資産と工事損失引当金を相殺して表示した場合
    その旨および相殺表示した棚卸資産の額

⑨ 連結財務諸表を作成している場合の個別財務諸表における注記

連結財務諸表を作成している場合の個別財務諸表については，「収益の分解情報」および「当期及び翌期以降の収益の金額を理解するための情報」については注記しないことができることとされています（収益認識会計基準第80-26項）。

また，「収益を理解するための基礎となる情報の注記」を記載するにあたり，連結財務諸表における記載を参照することができることとされています（収益認識会計基準第80-27項）。

⑩ 四半期財務諸表における注記

すべての四半期連結財務諸表および四半期個別財務諸表において，年度の期首から四半期会計期間の末日までの期間に認識した顧客との契約から生じる収益について，以下の収益の分解情報の注記を要求することとされています（四半期会計基準第19項（7-2））。

- (i) 顧客との契約から生じる収益について，収益およびキャッシュ・フローの性質，金額，時期および不確実性に影響を及ぼす主要な要因に基づく区分に分解した情報
- (ii) (i)に従って開示する収益の分解情報と，報告セグメントの売上高との

> 間の関係を財務諸表利用者が理解できるようにするための十分な情報

　なお，(i)および(ii)の事項は，セグメント情報等に関する事項に含めて記載している場合には，当該注記事項を参照することにより記載に代えることができます。

⑷　改正会計基準の注記の定めと各財務諸表との関係

　改正会計基準における注記の定めと各財務諸表との関係について，図表6−1にて整理します。

図表6－1　注記事項と各財務諸表上の取扱い

【各財務諸表上の取扱い】

	連結	個別	四半期
1．収益の分解情報	収益認識に関する注記	省略可	収益認識に関する注記
2．収益を理解するための基礎となる情報	※については，重要な会計方針として注記 ※以外の項目で，2．収益を理解するための基礎となる情報として記載することとした内容のうち，重要な会計方針に含まれると判断した内容については，収益認識に関する注記	※については，重要な会計方針として注記 ※以外の項目で，2．収益を理解するための基礎となる情報として記載することとした内容のうち，重要な会計方針に含まれると判断した内容については，収益認識に関する注記	省略可
(1)　契約および履行義務に関する情報（ステップ1，ステップ2）			
①　履行義務の内容（※） ②　重要な支払条件			
(2)　取引価格の算定に関する情報（ステップ3）			
①　変動対価の算定 ②　変動対価の見積りが制限される場合のその評価 ③　返品，返金およびその他の類似の義務の算定			
(3)　履行義務への配分額の算定に関する情報（ステップ4）			
①　取引価格の配分			
(4)　履行義務の充足時点に関する情報（ステップ5）			
①　履行義務を充足する通常の時点（※） ②　履行義務の充足の時期の決定			
(5)　本会計基準改正案の適用における重要な判断			
3．当期および翌期以降の収益の金額を理解するための情報	収益認識に関する注記	省略可	省略可
(1)　契約資産および契約負債の残高等に関する情報			
(2)　残存履行義務に配分した取引価格に関する情報			

⑸　ポイント制度に関連する開示事項

　収益認識に関する注記において，ポイント制度に関連すると考えられる主な注記事項は以下のとおりです。

　開示作成のために必要となる情報の入手可能性について検討し，適用開始前に準備する必要があります。

項　　目	内　　容
履行義務の内容	ポイント制度の概要に加え，どのような履行義務が存在するかを注記する。
履行義務を充足する通常の時点	ポイント制度に関連する履行義務が充足される通常の時点（ポイントの使用，失効等）について注記する。
取引価格の配分	取引価格を履行義務に配分する際に用いた見積方法，インプットおよび仮定に関する情報を注記する。 特に，ポイントの失効率の算定に関する情報を収集する必要があると考えられる。
契約資産および契約負債の残高等に関する情報	ポイント制度に関連する契約資産および契約負債の期首残高，期末残高および当期中の残高の重要な変動の内容を注記する必要がある。 また，履行義務の充足の時期が通常の支払時期にどのように関連するのかならびにそれらの要因が契約資産および契約負債の残高に与える影響を説明することが必要となる。
残存履行義務に配分した取引価格に関する情報	当期末時点で未充足の履行義務に配分した取引価格の総額およびいつ収益として認識すると見込んでいるのかを注記する。

⑹　IFRS第15号の開示例

　ここまでは収益認識会計基準における開示について説明してきましたが，参考として，IFRSを適用している企業のポイント制度に関する開示例を紹介します。

【J.フロントリテイリング株式会社　2019年2月期　有価証券報告書から抜粋】
（重要な会計方針）

　当社グループへの本基準適用による影響
　当社グループのうち主に百貨店事業及びパルコ事業は，顧客に将来の購入時に値引きとして交換できるポイントを提供するカスタマー・ロイヤリティ・プログラムを運営しております。IAS第18号「収益」では，当該ポイントの公正価値を見積もり，これを控除した収益を認識しておりましたが，IFRS第15号では上記の5ステップアプローチに従い，取引価格を独立販売価格の比率に基づいてポイントと物品に配分しております。当該方法を適用すると，販売した物品に配分した金額は，平均して，ポイントの公正価値を控除した金額よりも高くなります。この結果，従前の会計基準を適用した場合と比較して，当連結会計年度の期首時点において，その他の流動負債，繰延税金資産がそれぞれ705百万円，107百万円減少し，利益剰余金，繰延税金負債がそれぞれ487百万円，111百万円増加しております。なお，当連結会計年度の損益に与える影響は軽微であります。

【楽天株式会社　2018年12月期　有価証券報告書から抜粋】
（売上収益注記）

　楽天カード
　『楽天カード』においては，主としてクレジットカード関連サービスを提供しています。主にクレジットカード利用者と加盟店間の資金決済を通じて得られる加盟店手数料，クレジットカード利用者から得られるリボルビング払い手数料，分割払い手数料及びキャッシング手数料を得ています。加盟店手数料に関しては，カード会員のショッピング取引後，加盟店から楽天カード㈱へ売上データが送信されたタイミングにおいて，決済サービスの提供という履行義務が充足されるため，同時点でクレジットカードの決済金額に一定の料率を乗じた手数料収益を計上しています。また，カード決済金額の1％分の購入ポイントをカード会員に付与しており，これらのポイント費用は加盟店手数料から控除しています。楽天カード㈱はカード会員から基本的に1ヶ月に1回所定の日にカード利用代金の回収を行うため，履行義務充足後，概ね2ヶ月以内に実質的に支払いを受けることとなります。リボルビング払い手数料及び分割払い手数料と融資収益に含まれるキャッシング手数料に関しては，リボルビング残高，分割支払回数及びキャッシング残高に対してそれぞれ一定の料率を乗じた利息収益を，IFRS第9号に従いその利息の属する期間に認識しています。

第7章

収益認識会計基準導入に向けた対応

1 | 会計処理の対応

(1) 会計方針の策定

　新たな会計基準を適用する場合，会社が採用するべき会計方針や実務ガイダンスを明確にし，迷うことなく会計処理できる体制を整えることが重要であると考えられます。

　本章では，具体的にどのように自社の会計方針を策定し，会計処理を実務に適用できるかについて説明します。

　まず，会計方針を策定する前に，収益認識会計基準を適用することにより，自社にどのような影響があるのかを把握するため，影響度調査を行うのが一般的です。

　影響度調査とは，新たな会計基準を導入するにあたり，自社のどの部分にどれくらいの影響があるのかを調査することであり，以下の影響を把握することが目的です。

- 従前の会計処理との差異の有無の確認
- 従前の会計処理との差異による影響の確認

　すなわち，収益認識会計基準を導入することによって，検討するべき会計上

の論点は何か，財務数値，業務プロセス，システムの影響がどの程度であるかを検討し，会社が採用するべき会計方針を決めていくプロセスが影響度調査であるといえます。

影響度調査から会計基準導入までのフローは図表7－1のとおりです。

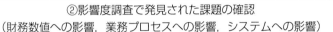
図表7－1　収益認識会計基準導入までのフロー

①影響度調査の実施

②影響度調査で発見された課題の確認
（財務数値への影響，業務プロセスへの影響，システムへの影響）

③会計方針の策定，開示内容の確定

④導入対応

(2)　影響度調査の実施

①　影響度調査の範囲の確定

影響度調査を開始するに際し，取引パターンを分析し，調査対象となる会社を確定する必要があります。

影響度調査を実施するにあたって，一斉にすべての会社をサンプルとして調査を行うことが非効率な場合があります。

例えば，取引パターンごとに最も売上規模の大きい1社をサンプルとして選定し，影響度調査を実施します。

その後，サンプル会社で行った影響度調査結果を同じ取引パターンを持つ他社に展開し，サンプル会社で「影響あり」とした論点が同様に該当するかを確

認するとともに，サンプル会社と他社との細かな相違点があれば，その部分については個別に影響があるかを検討するといった方法も考えられます。

影響度調査にあたっては，事前に対象会社と取引パターンを可能な限り詳細に（正確に）分類することが望ましいですが，実務上は調査の過程で新たな取引パターンを識別することも想定されます。

②　調査方法の比較・検討

一般的な影響度調査の方法は，図表7－2のとおりです。

図表7－2　影響度調査方法の例

調査方法	実施内容	利点・課題
契約書精査方式	個々の契約書を対象に，収益認識会計基準を適用した際の影響度を調査する。	調査結果の客観性および正確性は高いが，他の方式に比べて時間がかかる。
ワークショップ方式	ワークショップの実施による議論を通じて収益認識会計基準への理解を深め，論点を整理しながら影響度を調査する。	効率性と正確性のバランスはとれるが，ワークショップとセットのため，多少の時間を要する。
ヒアリング方式	担当者からのヒアリングにより，影響度を調査する。	効率的だが，正確性はヒアリング対象者の理解度に依存する。
調査票方式	調査票を送付し，その回答により影響度を調査する。	効率性を重視しているため，正確性は回答者の理解度に依存する。

影響度調査の実施に際し，正確性と効率性の観点から最適な方法を選択する必要があります。

また，例えば，ヒアリング方式と調査票方式等，複数の調査方法を組み合わせることも考えられます。

③　ポイント制度に関する影響度調査

(i)　影響度調査時の留意事項

　ポイント制度について，収益認識会計基準の導入による会計処理や税務処理への影響度を調査する必要があります。

　その出発点として，調査対象会社で採用しているポイント制度を把握する必要があります。

　また，自社ポイントについては，調査対象会社が採用しているすべてのポイント制度の設計書，ポイント規程などを収集，閲覧し，ポイントの付与条件，失効条件，ポイントの使用方法などを確認します。

　その他，データとしてポイントの残高やポイントの利用率，失効率，ポイントの交換比率などを収集できるかどうかという点も調査対象となります。

　会社によっては相当数のポイント制度が存在しており，影響度調査の網羅性に留意することが必要です。

　例えば，期間限定ポイントや，顧客のアンケート回答に対して付与されるポイントなど，経理担当者も把握していなかったポイント制度が新たに発見される可能性がありますので，思い込みで判断せず，ポイント制度の設計書やポイント規程などを閲覧しながら調査を行うと効果的です。

(ii)　ポイント制度の情報の集約

　影響度調査に際しては，ポイント制度の概要についての情報を要約し，当該ポイント制度が収益認識会計基準の対象か否か，会計処理，影響度などを一覧にまとめることが考えられます。

　具体例としては，図表7－3のとおりです。

図表 7 - 3　ポイント制度一覧表の例

付与されるポイントの種類	ポイントの内容説明	会計処理案	収益認識会計基準の対象か	会計処理案の根拠	影響度
購入ポイント	100円につき1ポイント付与。ただし，ポイントアップデートは100円につき3ポイント〜5ポイント付与。	契約負債計上	○	販売取引の一環として付与するポイントであるため。	高
ボーナスポイント	一定期間のポイント付与実績に基づき，当該ポイント×5％のボーナスポイントが一時的に加算される。	契約負債計上	○	(過去の)販売取引の一環として付与するポイントであるため。	高
ご優待ポイント	1〜12月の1年間で買上金額が200万円以上の場合，翌1年間は「ご優待ポイントサービス」が受けられる。	契約負債計上	○	販売取引の一環として付与するポイントであるため。	中
来店ポイント	来店ごとに(買物とは関係なく)10ポイント付与される。	ポイント引当金計上	×	販売取引とは無関係に付与するポイントであるため。	―
誕生日ポイント	お客様誕生日の月初に500ポイント付与される。	ポイント引当金計上	×	販売取引とは無関係に付与するポイントであるため。	―
その他ポイント	インセンティブポイント(アプリ，携帯メール登録，アンケート回答等)	ポイント引当金計上	×	販売取引とは無関係に付与するポイントであるため。	―
加盟店ポイント	クレジット加盟店での購入に伴うポイント	契約負債計上	○	販売取引の一環として付与するポイントであるため。	低

(iii)　業務プロセスへの影響の把握

　影響度調査は，従前の会計処理と収益認識会計基準の差異を把握することを目的としていますが，これは単に会計処理だけでなく，業務プロセスに与える影響も調査することが必要です。

　ポイントの付与は顧客との販売契約が前提となり，将来に無償または値引価格で追加の財またはサービスと交換できるポイントが顧客に付与されていることから，通常は顧客に重要な権利を与えているため，独立した履行義務として

会計処理されるものと考えられます。

すなわち，従来は期末にポイント未使用残高（ストック情報）を基礎として
ポイント引当金を計上していましたが，収益認識会計基準導入後は，提供した
財またはサービスと付与したポイント（フロー情報）を基礎として，独立販売
価格の比率に基づき会計処理を行うことになりますので，どのデータをもとに，
誰が，いつ，この計算を行うのかという点について，業務プロセスの観点から
新たに追加検討する必要があります。

これらのポイントに関する情報を適時に入手する必要性があるのか，それと
も四半期や年度単位で把握できれば十分であるのかによって，収益認識会計基
準の導入実務に与える影響は大きく左右されると考えられます。

具体的には，日々のポイント付与高や使用高だけでなく履行義務に配分され
た価格といった会計数値を日々の経営管理などに活用する必要性がある場合に
は，日々，大量に発生するポイントについてポイント管理システムによる一元
的な集計や会計処理だけでなく，状況によってはこれらの処理が自動的に行わ
れるシステム投資が必要になることも考えられます。

一方で，定期的な財務報告のためにポイントに関する情報や処理が求められ
る場合には，上述した対応が可能になるレベルのポイント管理システムへの改
修等の対応が必要になると考えます。

④　システムへの影響

影響度調査の一環として，システムに与える影響も同時に調査します。
会計処理が変更になれば，上述のとおり，業務プロセスの変更に伴って関連す
るシステムが影響を受けます。

例えば，ポイント制度について，従前はポイント引当金として計上していた
取引について，収益認識会計基準では，独立販売価格を基礎として契約負債を
計上するケースが多いと考えられます。

したがって，システム上で収益認識会計基準に基づく契約負債の金額を算定
できるように，システム改修等の必要性を検討する必要があります。

　また，顧客と販売契約を締結しなければ得られないものでないポイント，例えば来店ポイント，誕生日ポイントなどのアクションポイントは収益認識会計基準の対象外となるため，システム上，これらを区別して把握できているかも検討することが必要です。

⑤　影響度の判定

　影響度調査の目的は，今後対応が必要となる課題を識別することにあります。そのため，影響度調査の結果として，論点ごとに優先順位等の判断基準を設定することが一般的です。

　例えば，財務数値への影響や，担当者の業務負荷，またシステム変更の有無などにより変わりますが，会社全体で同意しやすい基準を設定します。

　影響度の判定例は図表7－4のとおりです。

図表7－4　影響度の判定例

	高	中	低
財務数値に与える影響	影響額が10億円以上	影響額が1億円以上10億円未満	影響額が1億円未満
業務プロセスに与える影響	• 経理部門以外の部署が対応可能 • 新規プロセスを設定する必要あり	• 経理部門以外の部署が対応可能 • 既存プロセスで対応可能	• 経理部門以外の部署が対応可能 • 新規プロセスを設定する必要あり
システムに与える影響	• 手作業の対応は不可 • 既存システムの大幅な改修または重要な新規システムの導入を要する	• 手作業の対応は可能だが，実務負荷が大きい • 既存システムの改修または重要な新規システムの導入を要する	• 手作業でも代替可能 • 既存システムの軽微な改修で対応可能

(3) 影響度調査で識別された課題の確認

① 導入計画の策定

収益認識会計基準の導入計画として，影響度調査の実施により識別された課題について，整理および優先度の決定，実施事項の詳細化が必要となります。

また，課題への対応に関してプロジェクトチームを組成する必要があり，プロジェクトメンバーの範囲や人員数を検討する必要があります。

さらに，グループ会社が存在する場合には，課題対応の展開方針や展開時期の詳細化も必要となります。

② 課題管理表

影響度調査を実施し，課題を整理した結果，課題が解決せず，継続検討事項として残る可能性があるものがあります。

例えば，過去のデータが取れないなどシステムが対応していないものや，エクセル管理しているポイント制度などが挙げられます。

これらの継続検討事項は課題管理表にまとめ，解決していくことになります。この課題管理表において，「何が」課題であり，「いつまで」に解決するか，「誰が」解決させるかということを明確にしておくことが，会計方針を策定する上で重要です。

課題管理表のイメージは，図表7−5のとおりです。

図表7−5 課題管理表のイメージ

No	大項目	項目	検討課題	課題の整理	担当チーム	財務数値に与える影響	業務プロセスに与える影響	システムに与える影響	優先度	対応策	担当者	ステータス	期限
○○	収益	ポイント制度	自社ポイント制度のシステム対応	自社ポイント制度のシステムは都度更新のものであり，過去時点の使用実績や残高を表示することができない。	経理部門およびシステム部門	大	なし	あり	高	○○	○○	未了	○○

⑷　会計方針書の作成，開示内容の確定

①　論点ペーパーの作成

　課題の詳細を調査した結果，収益認識会計基準の適用方針について判断を要する事項が識別された場合，論点ペーパーを作成することが考えられます。

　論点ペーパーの記入項目の例は以下のとおりです。

- 現行の日本基準の取扱い
- 収益認識会計基準の取扱い
- 論点
- 会計方針・会計処理案
- 対応方法（業務プロセス，システム）
- 残った課題

---

②　会計方針書の作成

　収益認識会計基準を採用するにあたり，会社は会計方針を策定し，連結グループ全体で適用する必要があります。

　課題が解決し，会計方針が決定された段階で，会計方針書を作成することが有用です。

　会計方針は一度策定したら終わりではなく，定期的にアップデートする必要があります。

　特に，新たにポイント制度を採用する場合や，既存のポイント制度を変更する場合等，随時アップデートしていく必要があります。

　そのため，これらは，会計方針書として文書でまとめ，社内で保管しておくことが有用です。

　会計方針書の記載事項としては，影響度調査で把握したポイント制度の概要，採用した会計方針が中心となりますが，採用した会計方針の結果だけでなく，検討過程やそのように判断した根拠などを記載することが今後のアップデート

のためにも有用と考えられます。

③　実務ガイダンスの作成

　決定された会計方針を適用するために，実務ガイダンスを作成し，関連部署に対して実施業務の内容について周知する必要があります。

　具体的には，変更された業務プロセスの内容，システム変更の内容等，経理以外の部門に対してもわかりやすい形で収益認識会計基準を前提とした実務対応を進めていくことが必要となります。

④　開示内容の確定

　収益認識会計基準において要求される開示事項（第6章参照）について，情報収集プロセスを構築する必要があります。

　また，情報収集のために必要となる場合には，システムの変更や連結パッケージの改修が必要となるため，早期に開示内容を確定しておくことが有用です。

　開示内容の確定後に注記事項のひな型や，連結パッケージの改修案を事前に作成しておくことで，導入対応がスムーズに進むと考えられます。

　具体的な流れは図表7−6のとおりです。

図表7−6　開示上の対応のフロー

（i）開示分析，スケルトン財務諸表の作成

（ii）連結パッケージの改修

（iii）トライアルの実施，各社へフィードバック

(i)　開示分析，スケルトン財務諸表の作成

決定した会計方針をもとに，自社で数値を入れる前のスケルトン財務諸表を作成します。

この際，他社事例やIFRS適用会社の事例を参考にすることが有用です。

(ii)　連結パッケージの改修

スケルトン財務諸表を作成した上で，開示に必要な数値の収集可能性を確認する必要があります。

子会社にポイント制度が存在する場合，開示に必要な情報を子会社から収集する必要があるため，連結パッケージを改修し，適切な情報を収集できるしくみ作りを行います。

特に，子会社に対して事前の説明を行い，どの数値を連結パッケージに入力するのかについて，周知徹底を図ることが重要です。

(iii)　トライアルの実施，各社へフィードバック

スケルトン財務諸表を作成し，連結パッケージを改修したとしても，実際に連結パッケージを収集し，財務諸表を作成する段階でさまざまなトラブルが起きることが想定されます。

そのため，本番の開示の前に前年度数値などを用いてトライアルを行うことにより，子会社に対する教育，開示対応へのスピードの把握など開示のリスクを把握することができます。

(5)　導入対応

会計方針書や実務ガイダンスに基づき，アクションプランを策定し，子会社での対応状況を含めてトライアルで確認する必要があります。

例えば，決算整理仕訳（手仕訳）で対応する場合，仕訳入力の基礎となる資料の作成方法を確立し，トライアルで実施することが有用です。

また，システム改修で対応する場合，システムの要件定義を早期に確定した

上で，テスト環境でのトライアルを実施することが有用です。

　トライアルを実施した結果，新たな課題が識別された場合には，業務プロセスや実務ガイダンスを適宜見直すことが必要となります。

2 税務処理の対応

(1) 法人税法

　2018年度税制改正前の法人税法においては，ポイントを付与した時点では損金計上は認められず，ポイントを引き換えた日の属する事業年度の損金として認められており，決算時にポイント引当金を計上している場合にはこれらの税務調整が行われているのが一般的であったと考えられます。

　2018年度の法人税法の改正により，法人税基本通達2－1－1の7「ポイント等を付与した場合の収益の計上の単位」が設けられました。ここでは一定の要件の充足と継続適用を条件として自己発行ポイントの付与を履行義務に配分して将来の取引に係る収入として前受とする処理，すなわち収益認識会計基準に基づく処理を容認することが明らかにされました。

　従来の税務調整が必要な会計実務から，一定の場合には税務調整が不要となる点は大きな変更点といえます。

　そのため，税務調整が不要となる一定の要件を満たすかどうかを確認し，ポイント制度の設計がシステムに与える影響を検討することが必要となる場合もあります。

(2) 消費税法

　上述のとおり収益認識会計基準を受けて法人税法は改正されましたが，消費税法は改正されていませんので，差異が生じる結果となります。

　具体的には，別個の履行義務として取引価格を配分したポイント部分については，会計，法人税法ともに収益を繰り延べる結果となりますが，消費税法に

おいては当初の財またはサービスに係る取引と一体として課税される結果となります。

　したがって，それぞれの計算が行える管理システムを導入するか，いずれかの計算を管理システム外で行い調整するかの方法で対応する必要があると考えます。

　そのため，影響度調査の実施に際し，消費税法上の取扱いが業務プロセスとシステムに与える影響を検討し，方針を決定する必要があります。

3 内部統制上の対応

(1) ポイント制度の内部統制

　ポイント制度の内部統制の整備・運用にあたっては，ポイントの処理プロセスを理解するとともに，財務報告目的において重要なリスクが何であるかを識別し，そのリスクに対応するための統制活動を実施していくことが重要です。

　具体的に次項以降で，主なポイント制度の財務報告目的上の内部統制構築にあたっての留意点を述べていきます。

(2) 従来の内部統制

　従来は，収益を当初売上取引額の総額で認識するとともに，将来，ポイントと引き換えられる商品またはサービスを販売費及び一般管理費として見積り，ポイント引当金として負債計上する処理が多く行われてきました。

　この場合，ポイントと引き換えられる商品またはサービスの負債の見積りが財務報告目的上，内部統制上の重要な要素となっていたと考えられます。

　すなわち，ポイントは一般的にはシステムによって管理されており，システム上で期間や付与ポイント，使用ポイント，失効ポイントおよびポイント残高が管理されており，それらのデータを使用してシステム上またはマニュアルでポイント引当金が計算されてきました。

一般的には，ポイントが一定期間で失効するものであれば，失効率を過去実績から計算し，ポイント未使用残高に（1－失効率）を乗じた金額をポイント引当金として計上する実務が存在していました。

ポイント引当金計上における業務フローとしては，以下のような実務があります。

> (a) 該当期間の付与ポイント実績，失効ポイント実績，ポイント未使用残高をシステムから期間を指定して抽出し，マニュアルで使用実績率や失効実績率を計算し，その実績率を該当月のポイント残高に乗じてポイント引当金を算出する。
> (b) ポイントの制度変更の有無を確認し，ポイント引当金の計算が正しいこと，仕訳の処理内容が正しいことを確認するための内部統制も必要となる。
> (c) システムが外部の管理下にあるものであれば，外部のシステム業者に依頼をしてデータを抽出する必要がある。

この業務フローにおけるリスクとしては，例えば，①計算に使用するデータ抽出を誤るリスク，②計算を誤るリスク，③システム管理が適切に機能していないリスクが挙げられます。

① 計算に使用するデータ抽出を誤るリスク

まず，計算に使用するデータ抽出を誤るリスクとして，ポイント管理システムからの抽出過程において意図したデータが正確に抽出されないこと，例えば，誤った期間のデータを抽出することが考えられます。

このリスクに対応するために，自社のシステムを使用している場合には，抽出条件の入力の正確性をダブルチェックすることを防止的な内部統制とし，前期数値との比較等を発見的な内部統制として整備・運用します。

外部のシステムを使用している場合には，データの抽出は他社に依頼することになりますので，他社のデータ抽出が正しいことを検証する必要がありま

す。

　具体的には他社のシステム評価を行うことや，他社のデータ抽出方法の検証を行うことが考えられます。

　他社との連携が必要となることから事前にコミュニケーションを取って進める必要があります。

②　計算を誤るリスク

　計算を誤るリスクとは，システムから抽出したデータをもとにマニュアルで計算をする際，計算を誤ってしまうリスクです。

　このリスクに対応するため，担当者以外による計算の正確性の検証を内部統制として整備・運用します。

③　システム管理が適切に機能していないリスク

　システム管理が適切に機能していないリスクは，正当な権限を持たない者によってシステムやデータが痕跡を残さずに不当に破壊または改竄されるリスクです。

　そこで，全社的な内部統制として，ネットワークの運用監視，システム・ソフトウェアの取得および保守，アクセス管理やアプリケーション・システムの取得，開発および保守に関する統制活動が求められます。

　また，業務処理統制として，入力のエディット・チェックのようにシステムに組み込まれて自動化された統制活動やITが作成する例外処理報告書に基づく手作業による追跡調査のようにITによる情報を使用して人とITが一体となって機能する統制活動が求められます。

　なお，スタンプカード形式の場合，ポイント未使用残高を適切に把握することが困難であり，必要なデータの収集方法および合理的な見積方法の設定が実務上の課題として挙げられます。この場合，スタンプカードを連番管理の上，スタンプ数を顧客台帳等に記録・保管することも考えられますが，重要性が高まる場合にはマニュアル管理からシステム管理への移行を検討することが必要

です。

(3) 収益認識会計基準導入後の対応

収益認識会計基準導入後における内部統制において，特に留意すべきテーマは図表7－7のとおりです。

図表7－7 ポイント制度において特に留意すべき内部統制上のテーマ

契約負債（購買ポイント）	ポイント引当金 （アクションポイント）	他社ポイント
ポイント制度の概要を把握するための内部統制 制度変更を適時に把握するための内部統制		
ポイントの独立販売価格を適切に算定するための内部統制	失効率を適切に算定するための内部統制	他社ポイントの付与金額を適切に算定するための内部統制
ポイントの付与・使用・失効の各金額を適切に集計するための内部統制	未使用ポイント残高を適切に集計するための内部統制	他社とのポイント相当額の精算を適切に実施するための内部統制

上記のテーマに沿った内部統制の具体例について，以下で解説します。

① 経理部門における見積方法の適切なルール化

収益認識会計基準の導入により，ポイントの独立販売価格を算定するため，独立販売価格を適切に算定可能とするための内部統制を整備・運用する必要があります（詳細は下記③参照）。

見積方法は会社ごとに異なりますが，自社のポイント制度を理解し，自社で採用し得る最善の見積りを行うことが必要です。

自社のポイント制度は1つであっても，ポイントが契約を締結しなければ得られないものでない場合（例えば，来店ポイントや誕生日に付与するポイント等のアクションポイント），収益認識会計基準の範囲外となるものが多いと考えられます。

　したがって，適用される会計処理方法を正確に区別するための内部統制を整備・運用する必要があります（詳細は下記②参照）。

　特に，収益認識会計基準の適用初年度においては，会計方針の変更となることから，取締役会決議等の社内で定められた承認手続が必要となります。

　また，新たに採用した見積方法についても承認を得る必要があります。

　見積りに際しては，恣意性を排除し，客観的な検討過程を記録・保管する必要がある点にも留意が必要です。

　さらに，ポイント制度は変更される可能性があるため，決算の都度，新たなポイント制度の導入や，既存のポイント制度に重要な変更がないかを調査し，情報をアップデートする必要がある点は従来の取扱いと同様です。

　なお，新たにポイント制度を企画，立案する場合においても，収益認識会計基準を理解して，システムで把握できる体制を構築することが必要です。

②　繰り越すポイントと繰り越さないポイントの区分

　ポイントは，(a)顧客が企業と契約を締結しなければ得られないものであること，(b)顧客に重要な権利を提供するものであることの両方を満たした場合に，別個の履行義務となります。

　このうち，(a)について，内部統制上は特に留意が必要です。

　これは，ポイントの中には，(a)の要件を満たさなくても付与するポイント（来店ポイントや誕生日ポイント等のアクションポイント）が含まれている可能性があり，別個の履行義務とはならない，すなわち収益認識会計基準の対象外となるポイントが含まれている可能性があるためです。

　そのため，想定されるリスクとして，別個の履行義務として識別するか否かの判定を誤ることにより，結果として会計処理を誤ってしまうリスクが考えられます。

　このようなリスクに対応するために，(a)と(b)を正確に把握する内部統制が求められます。

　ポイント制度は，通常経理部門の管轄ではないため，ポイント制度を企画し

ている部門や，運営している部門とも連携して適切な会計処理となるように体制を整備する必要があります。

　また，新たなポイント制度が発生する都度，(a)の要件を満たすものか否かを判断する必要があります。

　そのために，ポイント制度を企画する部署においても収益認識会計基準を理解して，経理部門に適時に報告できる体制にすることが望まれます。

　仮にポイント制度の開始後に経理部門に報告された場合，(a)の要件を満たすものか否かの判断が遅れ，システム上の集計計算が誤った状態で進んでしまうリスクがあります。

　そのため，ポイント制度を企画する部署においては，ポイント制度を企画する都度，事前に経理部と連携することが重要です。

③　取引価格の配分計算の正確性

　別個の履行義務として識別するポイントがある場合，もともとの商品部分とポイント部分とに，それぞれの独立販売価格の比率に基づいて配分計算する必要があります。

　取引価格の配分計算の正確性については，以下のリスクが想定されます。

> ・失効率や，1ポイント当たりの単価等の計算基礎を誤ることにより，独立販売価格の見積計算を誤るリスク
> ・契約全体の取引価格を独立販売価格の比率に基づいて行う配分計算を誤るリスク

　特に，独立販売価格の計算においては，システムから抽出したポイントの付与実績，使用実績，失効実績，ポイント残高のデータが使用されます。

　データ抽出の正確性についても従来と同じ視点での内部統制が必要となります。

　また，独立販売価格の比率に基づいて行う配分計算をマニュアルで行う場合には，計算が正しく行われていることを別の担当者がチェックすることが有用

です。

④　内部統制報告制度への対応（上場企業等）

　一般的な事業会社の場合，売上高に至るプロセスは原則として内部統制報告制度の評価対象として位置付けられています。

　収益認識会計基準の適用によって，ポイントの会計処理は売上高に直結することになりますので，内部統制の評価範囲にも影響が出る可能性があります。

　内部統制の評価範囲に影響が出る場合には，上記業務プロセスの変更に合わせ，内部統制評価用のフローチャートや，リスク・コントロール・マトリックスといった評価文書の修正を行います。

　プロセスの見直しの結果，キーコントロールが追加または変更された場合には，内部統制の運用状況評価のテスト範囲にも影響を及ぼすこととなります。

⑤　他社のポイントを付与した場合の内部統制

　現行実務においては，他社ポイントについては他社に支払った時点で売上値引もしくは販管費としているケースが大半かと思われます。

　収益認識会計基準適用後は，顧客から受け取る対価のうち他社のために受け取ると考えられる金額を未払金として計上し，当該金額を控除した後の金額を自社の収益として認識することになります。

　そのため，原則的には，他社ポイント付与時に，他社ポイント付与相当額を売上高から差し引く必要がありますが，この他社ポイント付与相当額の算定を誤るリスクが生じます。

　他社のポイントを付与した場合には，通常他社のポイントのためのシステム計算により，他社ポイント付与金額が管理されていますが，他社から請求が来て，その金額で未払金を計上する等，他社ポイント相当額の見積りが求められるため，見積りを誤るリスクも考えられます。

　この場合には，見積額と実際の請求額を事後的に検証するといった見積りの妥当性を検証する内部統制の構築が考えられます。

一方で，他社からの請求額が誤っているリスクについて，自社においても請求額が正しいか検証する必要があります。

⑥ 社外システムを使用している場合の内部統制

現在では，ポイント制度の導入を支援，運用するためのパッケージ・ソフトウェアが数多く提供されています。

ポイントに関するパッケージ・ソフトウェアは，カード自体の提供，カード読み取り機の提供，ポイント残高管理アプリケーションの一連のサービスを提供している場合が多いと考えられます。

こうした，パッケージ・ソフトウェアをはじめとした社外システムを導入している場合，社外システムから出力された数値に関連する内部統制について，財務報告目的で評価する必要があります。

このような取扱いは，ポイント制度だけではなく，給与計算や退職給付計算を外部に委託している場合や，実地棚卸を外部に委託し，カウント結果のレポートを入手している場合も同様です。

企業は成果物の正確な作成を期待して外部業者に委託料を支払って業務を委託しているものの，受領したデータが誤っているリスクも考えなければなりません。

結論としては，社外システムを利用している企業の財務報告目的においてどの程度重要であるかにより，内部統制として何を構築すべきかが決まってきます。その上で，具体的な検証方法は企業によりさまざまになります。

給与計算を外部に委託している場合について，日本公認会計士協会 監査基準委員会報告第18号「委託業務に関する統制リスクの評価」では，以下のように記載されています。

> 給与計算業務を委託している場合で，受託会社から受領した給与データに関して委託会社がサンプルを抽出し再計算を実施しているときには，委託会社に委託業務に係る内部統制が存在していると考えられる。

　上記をポイント制度に援用すると，ソフトウェア・パッケージ等の社外システムから出力されたポイントデータに関して，例えばサンプルで会社内においても再計算を行えるのであれば，内部統制が存在していると考えられると言い換えることができると考えられます。

　これは，社外システムから出力された数字が正しくないリスクに対応するための内部統制となります。

⑦　情報セキュリティに関する内部統制

　ポイントを，顧客別に残高管理している場合には，会社は多くの個人情報を有していることになります。そのため，個人情報の流出を防ぐための情報セキュリティ管理が求められます。

　個人情報のセキュリティ管理は直接財務諸表数値に影響を及ぼすことはないですが，仮に流出するようなことがあった場合には，巨額の費用が臨時的に発生する可能性があります。その意味で，財務報告目的の内部統制との関連では，企業の存続のための全社的なリスク管理として，求められると考えられます。

　具体的には，全社レベルでの内部統制が該当すると考えられます。

　収益認識会計基準が導入されても当然に個人情報保護の重要性が変わることはありません。

　情報の流出事故は，システムの機能強化，機能修正，更新作業等の通常の運用とは異なる作業を実行する場合に生じる可能性が高まります。

　特に，収益認識会計基準の導入対応でシステム改修が求められる場合には，システム上，通常のフローとは異なる一時的な処理が行われることになるため，改修期間中のモニタリングを強化するなど発見的統制を補完することが考えられます。

【参考文献】

- 「ポイントサービス市場に関する調査を実施（2020年）」株式会社矢野経済研究所，2020年
  https://www.yano.co.jp/press-release/show/press_id/2488
- 「企業会計基準公開草案第66号（企業会計基準第29号の改正案）「収益認識に関する会計基準（案）」等の公表」企業会計基準委員会，2019年
- 「ポイント及びプリペイドカードに関する会計処理について（金融庁 平成20年6月18日（7月2日改定））」金融庁，2008年
- 『業種別会計シリーズ　小売業』新日本有限責任監査法人 小売業研究会編，第一法規，2011年
- 『業種別会計実務ガイドブック』新日本有限責任監査法人編，税務研究会出版局，2011年
- 『こんなときどうする？　引当金の会計実務（第2版）』EY新日本有限責任監査法人編，中央経済社，2019年
- 「Applying IFRS　IFRS第15号（顧客との契約から生じる収益)」EY新日本監査法人編，2018年
- 『何が変わる？　収益認識の実務～影響と対応（第2版）』EY新日本有限責任監査法人編，中央経済社，2020年
- 『企業への影響からみる収益認識会計基準 実務対応Q&A』EY新日本有限責任監査法人編，清文社，2018年
- 『小売業のための基礎からわかるIFRSのポイント』新日本有限責任監査法人 小売セクターナレッジ IFRS分科会編，清文社，2015年
- 『IFRS「新収益認識」の実務』新日本有限責任監査法人編，河野明史・下村昌子著，中央経済社，2017年
- 『ポイント制度の会計と税務―カスタム・ロイヤリティ・プログラムのすべて―』新日本有限責任監査法人編，税務経理協会，2011年
- 「ポイント制度の会計処理上の留意点」『経理情報』No.1538，辻野幸子著，中央経済社，2019年3月
- 『収益認識会計基準と税務完全解説』太田達也著，税務研究会出版局，2018年
- 「企業会計ナビ　業種別会計の基礎　小売業　第6回　新たな収益認識会計基準が小売業に与える影響」EY新日本有限責任監査法人，2020年
  https://www.shinnihon.or.jp/corporate-accounting/industries/basic/retail/2020-01-20-01.html
- 「収益認識会計基準の改正案，注記や表示等のポイントを詳報」『経営財務』No.3432，税務研究会，2019年
- 「収益認識会計基準による場合の取扱いの例」国税庁，2018年
- 「法律上の取扱い・経済実態を踏まえ個別に判断　ポイント同時の交換に関する

税務」『税務弘報』2019年1月号，中村賢次著，中央経済社，2019年
- 「企業通貨におけるポイント・マイレージの現状と将来性」『日本大学大学院総合社会情報研究科紀要』安岡寛道著，2007年

【監修者紹介】

三木練太郎（統括監修）

公認会計士。EY新日本有限責任監査法人　第3事業部に所属。
当法人入所後，小売業，物流業，卸売業をはじめとする多数の監査・アドバイザリー業務に従事。
小売セクターナレッジリーダーとして，多くの小売業における会計・監査の実務上の論点を整理。

吉田　一則（統括監修）

公認会計士。EY新日本有限責任監査法人　第3事業部に所属。
小売セクターナレッジ職員リーダー。主に国内事業会社の監査業務に従事。
主な著書（共著）に『小売業のための基礎からわかるIFRSのポイント』（清文社）がある。

池上　政史（監修）

公認会計士。EY新日本有限責任監査法人　第3事業部に所属。
主に小売業，ソフトウェア業等の国内事業会社の監査業務に従事。
法人内の小売業，ソフトウェア業のセクターナレッジメンバーとして，業種別監査の品質向上とクライアントサービス向上のために活動。また，出版委員として各種書籍の出版業務にも携わっている。
主な著書（共著）に『最新スポーツビジネスの基礎』（同文舘出版），『スポーツ団体のマネジメント入門』（同文舘出版）がある。

中野　裕基（監修）

公認会計士。EY新日本有限責任監査法人　第1事業部に所属。
小売業，サービス業，化学品製造業を中心に日本基準及びIFRS基準の監査業務のほか，IFRS導入支援やIPO支援等のアドバイザリー業務にも幅広く従事。
その他，企業や業界団体向けのIFRSセミナー等の企画運営・講師等も担当。
当法人の小売業セクターナレッジメンバー。
主な著書（共著）に『ケーススタディ・上場準備実務』（税務経理協会），『IPO実務用語辞典』（同文舘出版）がある。

【執筆者紹介】

岡田　祐子（第1章）

㈱エムズコミュニケイト代表取締役社長。
日本初のポイント事業専業コンサルタントとしてテレビ東京「ガイアの夜明け」に出演。
総務省自治体ポイント，マイナポイント等の専門員，社）日本リテンション・マーケティング協会理事に従事。
主な著書に『成功するポイントサービス』（WAVE出版）がある。

山根　浩也（第1章）

㈱エムズコミュニケイト取締役。
ポイント制度を含むCRM領域の専門コンサルタント。
業種業態にかかわらず，大手を中心に150社ほどの企業や公的法人のポイント制度導入・改善，CRM構築に関するコンサルティングに従事。

大石　晃一郎（第1章）

公認会計士。EY新日本有限責任監査法人　第5事業部に所属。
米国駐在経験を有し，駐在時に米国上場航空会社の監査業務を担当したほか，日本国内でも大手航空会社，ローコストキャリア（LCC），小売，卸売，ハウスメーカー，自動車部品メーカー等，幅広い業種での監査業務及び非監査業務経験を有する。
特にマイレージプログラムについては業務経験を通じた深い知見を有する。

宮脇　啓太（第1章）

公認会計士。EY新日本有限責任監査法人　第3事業部に所属。
製造業及び百貨店等の小売業を中心に幅広い業種の監査に従事。
現在は，海外展開を行う人材派遣会社，国内メーカーの監査業務のほか，IFRS関連業務に従事。

加藤　智史（第2章）

公認会計士。EY新日本有限責任監査法人　第3事業部に所属
当法人入所後，総合電機，医療機器製造業を中心とした監査業務のほか，IPO支援業務に従事。
現在は小売業，化学品製造業，事業者金融業を中心とした監査業務に従事。

大沼　健二（第3章）

公認会計士。EY新日本有限責任監査法人　第3事業部に所属。
主に小売業，製造業，不動産業等の日本基準及びIFRS基準の監査業務に従事するとともに，IFRS導入支援アドバイザリー業務，米国基準の監査業務，IPO支援業務にも従事してきた経験を有する。

松田　晃典（第4章）

公認会計士。EY新日本有限責任監査法人　第5事業部に所属。
主に小売業，食品製造業等の監査業務，IPO（株式上場）準備会社への監査・業務改善アドバイザリー業務，IFRS基準の監査業務に従事。
その他，プラントエンジニアリング業，サービス業，ソフトウェア業，国立大学法人，学校法人の監査や空港民営化に伴う固定資産台帳整備等の非監査業務を歴任。
法人内外の研修講師も務めている。
主な著書（共著）に『現場の疑問に答える会計シリーズ①　Q＆A棚卸資産の会計実務』（中央経済社）がある。

伊藤　里美（第4章）

公認会計士。EY新日本有限責任監査法人　FAAS事業部に所属。
国内監査部門にて，外食産業，不動産業等の監査，政府からの受託調査研究業務を経験した後，財務省東海財務局に出向し，金融証券検査官として資金決済サービス機関及び預金等取扱金融機関に対する金融庁金融検査及び検査結果の審査業務に従事。
監査法人復帰後は，リース会社等の監査を経て，現在は，新会計基準導入支援や決算早期化支援等の財務会計・管理会計アドバイザリーサービス及びトレジャリーマネジメントに関するサービスに従事。

吉元　康真（第4章）

公認会計士。EY新日本有限責任監査法人　第2事業部に所属。
IFRS適用会社を中心に，EC企業，電気通信事業，製造業等の監査業務に従事。
そのほかIPO準備会社への監査・業務改善アドバイス業務に従事。

深迫　裕（第4章）

公認会計士。EY新日本有限責任監査法人　第3事業部に所属
小売業を中心に卸売業やクレジットカード業等の監査業務に従事。

左近司　涼子（第5章）

税理士。EY新日本有限責任監査法人　企業成長サポートセンターに所属。
当法人入所後，IPO予定会社・ベンチャー企業の税務・資本政策・事業承継コンサルティングなどのトータル・アドバイザーとして業務に従事。
主な著書（共著）に『図解でざっくり会計シリーズ　ストック・オプションの会計・税務入門』（中央経済社），『図解でざっくり会計シリーズ　仮想通貨の会計とブロックチェーンのしくみ』（中央経済社），『社会に期待されつづける経営』（第一法規出版），『IPOをやさしく解説！　上場準備ガイドブック』（同文舘出版），『きらきら女性経営者をめざす「会社経営の教科書」』（同文舘出版），『スクイーズ・アウトと株価決定の実務』（新日本法規出版）がある。

髙田　雅代（第5章）

公認会計士。EY新日本有限責任監査法人　第3事業部に所属。
主に小売業，卸売業，サービス業，情報通信，商社等の監査業務及びIPO準備会社への監査を中心に従事。

岡崎　環（第5章）

公認会計士。EY新日本有限責任監査法人　第3事業部所属。
国内監査部門において，小売業，店舗業，化学メーカー，ゲーム会社等の監査に従事するとともに，IPOを志向するアーリーステージの会社の監査及びアドバイザリー業務に従事。

新川　晃司（第5章）

EY新日本有限責任監査法人　名古屋事務所所属。
当法人入所後，主に大手小売業（スーパーマーケット，ドラッグストア，ホームセンター，スポーツジム等運営），ゴルフ場運営会社・教育系出版業の監査業務に従事。

駒田　亮（第6章，第7章）

公認会計士。EY新日本有限責任監査法人　第3事業部に所属。
主に小売業，製造業，ソフトウェア業などの一般事業会社の監査の他，IFRS導入支援業務，
IPO監査業務に従事。
主な著書（共著）に『小売業のための基礎からわかるIFRSのポイント』（清文社）があるほ
か，雑誌への寄稿などが多数ある。

島田　翔吾（第7章）

公認会計士。EY新日本有限責任監査法人　第3事業部に所属。
当法人入所後，小売業やクレジットカード会社，商社，メーカーなど各業種の監査業務に従
事。そのほかIFRS関連業務にも従事。

馬橋　秀弥（第7章）

公認会計士。EY新日本有限責任監査法人　第3事業部に所属
小売業を中心に，IFRS適用会社の監査業務，アドバイザリー業務に従事。

【編者紹介】————————————————————————————

EY | Assurance | Tax | Transactions | Advisory

EY新日本有限責任監査法人について
EY新日本有限責任監査法人は，EYの日本におけるメンバーファームであり，監査および保証業務を中心に，アドバイザリーサービスなどを提供しています。詳しくは，www.shinnihon.or.jp をご覧ください。

EYについて
EYは，アシュアランス，税務，トランザクションおよびアドバイザリーなどの分野における世界的なリーダーです。私たちの深い洞察と高品質なサービスは，世界中の資本市場や経済活動に信頼をもたらします。私たちはさまざまなステークホルダーの期待に応えるチームを率いるリーダーを生み出していきます。そうすることで，構成員，クライアント，そして地域社会のために，より良い社会の構築に貢献します。

EYとは，アーンスト・アンド・ヤング・グローバル・リミテッドのグローバルネットワークであり，単体，もしくは複数のメンバーファームを指し，各メンバーファームは法的に独立した組織です。アーンスト・アンド・ヤング・グローバル・リミテッドは，英国の保証有限責任会社であり，顧客サービスは提供していません。詳しくは，ey.com をご覧ください。

本書は一般的な参考情報の提供のみを目的に作成されており，会計，税務およびその他の専門的なアドバイスを行うものではありません。EY新日本有限責任監査法人および他のEYメンバーファームは，皆様が本書を利用したことにより被ったいかなる損害についても，一切の責任を負いません。具体的なアドバイスが必要な場合は，個別に専門家にご相談ください。

ポイント制度のしくみと会計・税務

2021年1月1日　第1版第1刷発行
2024年6月20日　第1版第4刷発行

編　者　EY新日本有限責任監査法人
発行者　山　　本　　　　継
発行所　㈱中央経済社
発売元　㈱中央経済グループ
　　　　パブリッシング

〒101-0051　東京都千代田区神田神保町1-35
電話　03 (3293) 3371 (編集代表)
　　　03 (3293) 3381 (営業代表)
https://www.chuokeizai.co.jp
印刷／文唱堂印刷㈱
製本／㈲井上製本所

＊頁の「欠落」や「順序違い」などがありましたらお取り替えいたしま
すので発売元までご送付ください。(送料小社負担)

ISBN978-4-502-36771-7　C3034